U0131976

目 录

文稿·下

中央关于国民党十中全会问题的指示（一九四二年十一月二十九日） ……… 507

关于开展生产自给运动及群众工作给郑位三、李先念、陈少敏的指示（一九四五年四月九日） ……… 515

军委关于建立南方战略根据地问题的指示（一九四五年六月十五日） ……… 517

中央关于在豫中、豫东建立根据地问题的指示（一九四五年六月十八日） ……… 520

中央关于河南今后作战方针的指示（一九四五年七月十五日） ……… 521

中央关于造成控制山东全局的条件的指示（一九四五年八月六日） ……… 524

中央关于双十协定后我党任务与方针的指示（一九四五年十月十二日） ……… 525

中央关于争取平汉战役的胜利问题的指示（一九四五年十月十七日） ……… 528

减租和生产是保卫解放区的两件大事（一九四五年十一月七日） ……… 530

中央关于宣传与谈判的方针问题的指示（一九四五年十一月七、八日） ……… 533

中央关于精兵简政问题的指示（一九四六年三月六日） ……… 536

中央关于控制长春、哈尔滨及中东路保卫北满的指示（一九四六年三月二十七日） ……… 539

中央关于东北日前工作方针的指示（一九四六年三月一十四日） ……… 541

中央关于东北作战问题的补充指示（一九四六年四月八日） ……… 543

毛澤東手書真迹
目录
目录

中央关于纠正群众工作中的错误问题的指示（一九四六年四月十一日） ……… 547

关于东北前线指挥及在四平、本溪歼敌问题的指示（一九四六年五月一日） ……… 550

中央关于时局及对策的指示（一九四六年五月十五日） ……… 552

军委关于大打后我军部署的指示（一九四六年六月十九日） ……… 555

军委关于苏中、苏北和山东作战部署的指示（一九四六年七月十三日） ……… 558

中央关于粉碎反动派进攻的作战计划的指示（一九四六年七月十三日） ……… 560

中央关于克服归队思想在敌后创建根据地的指示（一九四六年九月十日） ……… 562

中央关于目前战局及谈判问题的指示（一九四六年十月十日） ……… 565

军委关于配合保卫延安的指示（一九四七年三月六日） ……… 569

军委关于南进作战应注意的几个问题的指示（一九四七年八月十二日） ……… 574

军委关于陕北部队配合南线三路大军的行动部署的指示（一九四七年八月十六日） ……… 577

关于保卫胶东的作战方针的指示（一九四七年八月二十八日） ……… 580

军委关于南线各军三个月行动方针的指示（一九四八年一月二日） ……… 585

军委关于大别山区作战部署的指示（一九四八年一月十六日） ……… 588

关于辽阳收复后东北野战军作战方针的指示（一九四八年二月七日） ……… 592

中央关于注意总结城市工作经验的指示（一九四八年二月二十五日） ……… 597

中央关于建立报告制度的补充指示（一九四八年三月二十五日） ……… 602

毛澤東手書真跡

目录 目录

关于同意改变攻占锦州计划等问题的指示（一九四八年十月三日） …… 六二一

军委关于作战重心是攻克锦州、义县、锦西的指示（一九四八年九月二十九日） …… 六一八

关于"毛泽东主义"问题给吴玉章的电报（一九四八年八月十五日） …… 六一五

关于辽沈战役的作战方针给林彪、罗荣桓、刘亚楼的电报（一九四八年九月七日） …… 六一五

军委关于准备歼灭东进之胡宗南部的指示（一九四八年五月十四日） …… 六一〇

军委关于华东野战军夏季作战目标的指示（一九四八年四月二十一日） …… 六〇七

中共中央祝贺收复延安给彭德怀等的电报（一九四八年四月二十四日） …… 六〇六

关于同意先打长春问题给林彪的电报（一九四八年四月二十二日） …… 六〇四

中央军委关于渡江作战计划等问题的指示（一九四九年二月十一日） …… 六五五

军委关于傅作义部出城整编的部署（一九四九年一月二十一日） …… 六五〇

中共发言人评南京行政院的决议（一九四九年一月二十一日） …… 六四五

军委关于包围北平及平津干部配备问题的指示（一九四八年十二月十三日） …… 六四三

关于平津战役的作战方针给林彪、罗荣桓、刘亚楼的电报（一九四八年十二月十一日） …… 六四一

军委关于张家口宣化地区作战部署的指示（一九四八年十二月六日） …… 六二八

军委关于控制营口阻塞敌人海上逃路的指示（一九四八年十月二十四日） …… 六二七

关于淮海战役的作战方针（一九四八年十月十一日） …… 六二三

军委关于攻济战役必须估计三种可能情况给粟裕等的电报（一九四八年九月二十六日） …… 六二二

三

国民党反动派由"呼吁和平"变为"呼吁战争"（一九四九年二月十六日） …… 六五八

中央军委对总前委关于渡江任务的整个部署的复示（一九四九年四月十八日） …… 六六四

向全国进军的命令（一九四九年四月二十一日） …… 六六六

我三十万大军胜利南渡长江（一九四九年四月二十二日） …… 六七〇

中央军委关于二野西进时间等问题的指示（一九四九年六月十七日） …… 六七一

论人民民主专政（一九四九年六月三十日） …… 六七二

军委关于对程潜的方针的指示（一九四九年七月十八日） …… 六七八

军委关于迫使白崇禧部退入广西等问题的指示（一九四九年九月一日） …… 六八一

同意工作方针给彭德怀的电报（一九四九年十一月十九日） …… 六八三

关于朝鲜战局问题给彭德怀、高岗的电报（一九五〇年十月二十三日） …… 六八四

关于青海骑兵支队配合十八军人藏问题给邓小平的电报（一九五一年一月十四日） …… 六八九

关于重视人民来信的指示（一九五一年五月十六日） …… 六九〇

关于同意志愿军党委对精简节约的布置给彭德怀等的电报（一九五一年十一月十一日） …… 六九二

关于宪法初稿的讨论和修改问题给刘少奇等的电报（一九五四年二月十七日） …… 六九四

中央转发鞍山市委关于技术革新和技术革命运动开展情况报告的批语（一九六〇年一月二十二日） …… 六九七

四

中央关于国民党十中全会问题的指示

（一九四二年十一月二十九日）

国民党十中全会通过关于对待我党的决议案，略谓：总裁盱衡时局，对内对外作政策上的指示。对共产党仍本宽大政策，只要不违背法令，不破坏抗战秩序，不组织军队，不分裂地方，不妨碍反攻，不破坏统一，凡履行民国二十六年九月二十二日共赴国难宣言，忠实实行三民主义，自当与全国军民一视同仁，恭聆之余，于十一月十六日晚集会，详细研究，认为经审慎考虑而发表之指示，大会敬谨接受，并于宣言中将此种意义明白宣示。但为防止下层党政机关及人民误解起见，应由国民政府发表文告在此文告内说明：在我国境之内，无论其为何人及何种名义，凡有擅自组织军队，企图割据地方，违反国家纪纲，扰乱社会秩据之事实者,我政府与社会不问其过去思想之如何,亦不问其为团体为个人,一体重其贡献能力效忠国家之真诚。必有举国一致之真诚团结,而后乃能负起空前艰苦之使命。凡此尤愿特为标举,以真引起全国有识人士之共鸣者。

国民党从一九三九年颁布限制异党活动办法以来,中间经过一九四〇年一月及其前后段时间的第一次反共大磨擦(苏德条约订立及苏芬战争时期),一九四一年一月解散新四军事件的第二次反共大磨擦(德意日三国同盟订立及跟着苏英美订立同盟以后,国共关系即有某些改变,停止了大的冲突。特别是在太平洋战争发生,滇缅路被切断及英苏订立二十年同盟条约之后,更有好转。最近苏联在斯城的伟大胜利及英美在北非与在太平洋的胜利,增强了国民党对于抗战胜利的信心,对国共关系好转,亦有促进的影响。在国内,一九三七年以来,我党我军的极大发展,引起了国民党的恐惧。但至今年,我党我军在抗日战场的损失及根据地的缩小,减轻了国民党的恐惧心理。他们估计我军在今后抗日时期,还会有大的损失(这种估计是适当的)。同时,在日寇侵苏危险减少以后(过去国民党长期地寄希望于日苏战争),日寇必然要加重对中国的压迫,国民党需要利用我党力量(日寇在华已增加了十一个师,我党担负了十五个师)。再则,自从远东慕尼黑危险消失之后,我党停止了投降危险的宣传。而从去年四月直到现在,坚持地求得和他们政善关系,我党对国民党批评甚少,

毛澤東手書真蹟
第三時期・文稿
第三時期・文稿
五〇九
五一〇

们改善关系。虽则国民党在这一期间内，仍然对我们进行了很多的压迫（在大后方捕杀大批共产党员，出版大批反共刊物，在湖北、安徽攻击新四军，在陕甘宁边区进行了大的特务破坏活动与经济封锁），我们亦忍耐下去，力求不刺激国民党。特别是今年七七宣言，取得了国民党广大人士的同情。再则，国民党自己有很多的极端严重的困难存在着。其中，特别是财政经济方面的困难，并企图经过缓和我们和他们的关系去解决财政经济问题，并企图经过缓和我们和农民的关系，去缓和他们和农民的关系，这里特别有严重意义的是河南六百万灾民的自发斗争，某些部分已取得了武装斗争的形式。最后，一九四〇年与一九四一年两次反共大磨擦，国民党企图用武力压迫把我们的方针有利有节的自卫斗争，但遇着了我们的有理有利有节的自卫斗争，

多数舆论的同情却站在我们方面。由于上述这种种原因，促成国民党不得不对这种关系有一个比较明确的解决。十中全会的决议，表示了这种解决的原则。一言以蔽之，就是要求我们不超出他们所设定的范围，他们则答应和我们合作的范围，他们则答应和我们合作。

十中全会的一个要点，是我们和他们交涉接接及他们经过详细的动在犹豫之后才决定的。最近十月间，我们派了林彪同志去重庆，他们派了郑延卓去延安。十中全会的另一决议，对于从一九三九年到现在四个年头的国共不良关系，做了一个总结，是对于我们今年七七宣言的回答，开辟了今后两党继续合作及具体地谈判与解决过去存在着的两党争论问题的途径，虽然这些争论问题还不见得很快就能完全地解决，在

毛澤東手書真迹

第三时期·文稿
第三时期·文稿

五一一
五一二

各地对于十中全会的决议,应本《解放日报》发表之态度进行解释。根据民国二十六年(一九三七年)九月二十二日我党赴国难宣言所列四条(彻底实行三民主义,停止土地革命,苏维埃改为民主政府,以期政权统一,红军改为国民革命军受国民政府军委会的统辖)与国民党十中全会向我党要求的各点相比较,在基本精神上没有互相纷歧之处,我们不但过去遵守自己的诺言,而且在将来也准备遵守这一诺言。关于组织牛队一点,过去是为了抗日的需要而组织游击队,至于今后不单不要再组织军队,所们反之还探做。关于国民党允许给我们以公民应得的权利及自由,我们应表示欢迎,要求实现。在十中全会后,国民党会放弃军事压迫,而加强政治斗争,磨擦还会有的,但方式会缓和些。各地对于国民党员应继续采取诚恳协商,实事求是,有理有节的态度,力戒骄傲夸大有害无益的态度,借以争取更进一步的好转。

中共中央

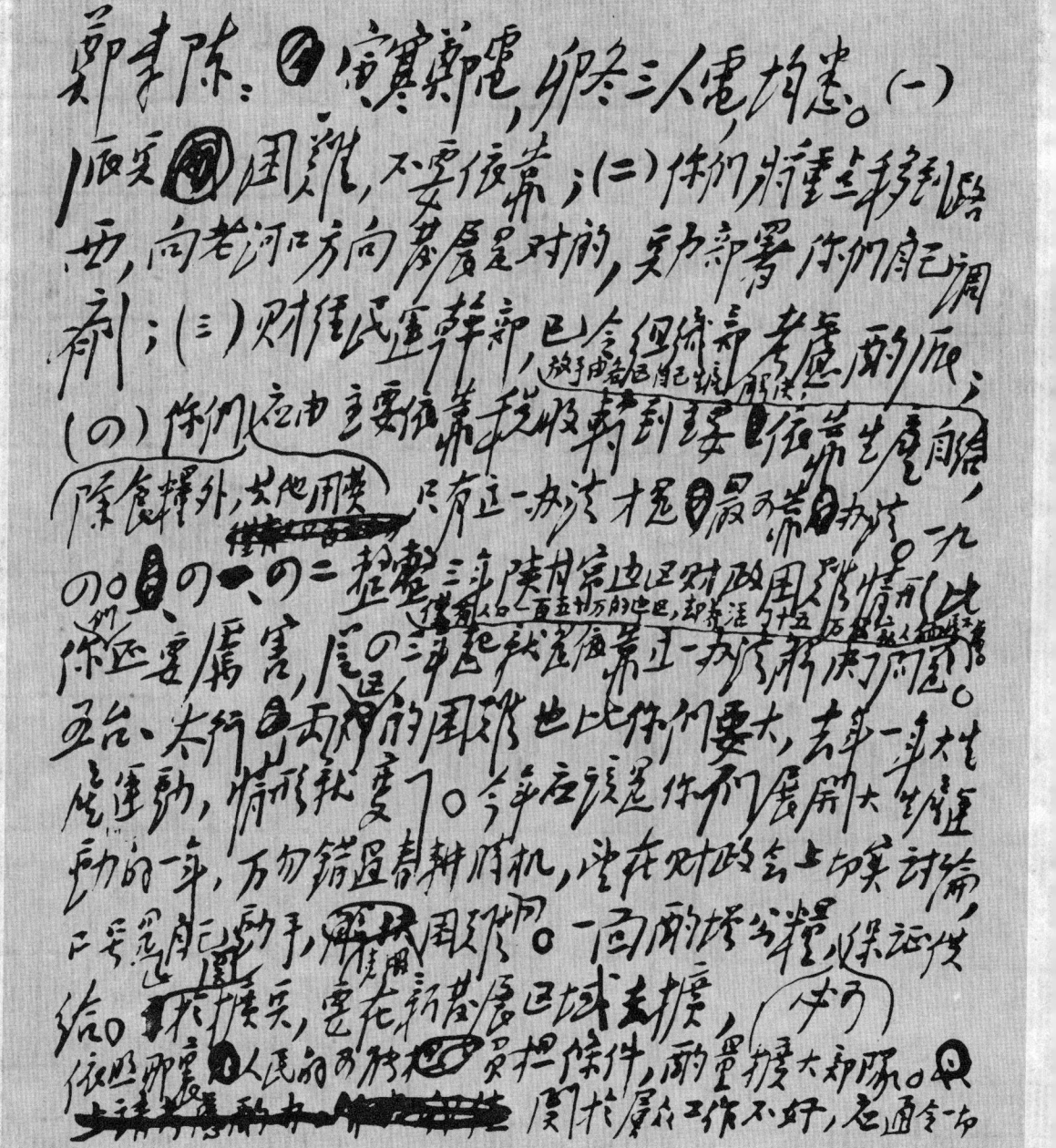

关于开展生产自给运动及
群众工作给郑位三、李先
念、陈少敏的指示

(一九四五年四月九日)

郑李陈：

寅寒郑电，卯东三人电均悉。（一）派兵困难，不要依靠；（二）你们将重点移到陕西，向老河口方向发展是对的，至于兵力，部署你们自己调剂；（三）财经民运干部，已令组部考虑酌派；（四）你们除食盐税外，其他用费应由主要依靠生产自给，放手由各区自己解决，只有这一办法才是最可靠办法。一九四一、四二整整三年，陕甘宁边区财政困难情形比你们还要厉害，从四三年起就是依靠这一办法解决了问题。仅有人口百五十万的边区，却养活了五万公家人而民不伤。五台、太行两区的困难也比你们要大，去年一年大生产运动，情形就变了。今年应该是你们展开大生产运动的一年，万勿错过春耕时机，望在财政会上切实讨论，口号是"自己动手，克服困难"。一面酌增公粮，必可保证供给。于扩兵，要在新发展区域去一齐动手生产自给，和一齐动手做群众工作。

关于群众工作不好，应通之，一切依靠最广大群众力量去解决问题，放手将解决问题的责任交给各分区，交给广大群众，你们上面领导同志只总其大纲，给予号召、指导、检查和调剂，实行对下集中领导、分散经营的原则。一切不可将一切事担都由上面负起来，致使下面都望着你们去办法。一切急甚、要穿、要吃甚、要穿，致使下面都望着你们去办法。不可不将一切事担都由上面负起，要甚、要穿，你们虽忙不过来，也不能尽如人意。这是击战争特点所引起的方法，不知你们认为是否可行，请考虑酌为盼。

毛泽东 卯佳

军委关于建立南方战略根据地问题的指示

一九四五年六月十五日

王震、首道并告郑李：

此次作战虽有牺牲，亦有胜利，你们数月来在湘鄂边行动是有成绩的。惟王陵基集中对我，我主力回旋地小，已处被动。今后方针，不外（一）仍在现地坚持；（二）向南发展。如取第二项方针，又有（一）王震先率精锐南进，首道率余部在现地；（二）你们两人率主力（大多数）南进，留小部配合张体学创造湘鄂边区等候张启龙、文年生等。南进时之目的地又有两项：

（一）以三个月左右时间一直进至湘粤边，在赣州、韶州、梧州、桂林、衡州五点之间创造游击区及根据地，与广东部队靠拢打成一片，启龙、年生等亦以八个月左右时间进至同一地区，建立南方局面，并以准备被隔断；（二）你们进至衡宝地区，创立根据地，张启龙率九旅后续，亦进至此区，而以文旅进至湘粤边与广东打通，亦须准备被隔断。以上各项方针究以何者为宜请你们考虑电复，以便决定。目前整个形势仍于我有利，南洋战区由英国负责，美军不打广东，故日寇放弃南宁，缩短防线，巩固粤汉，并东攻三南河

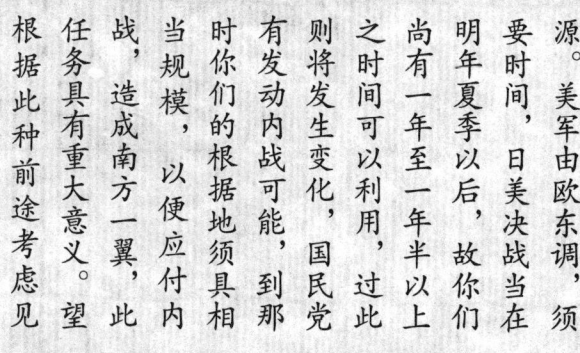

中央关于在豫中、豫东建立根据地问题的指示

一九四五年六月十八日

河南区党委：

根据来电，伏牛山似非敌占区，胡宗南必用全力来争，我党在伏牛山建立巩固根据地的可能性似甚小，而比较利于建立根据地之豫中豫东广大敌占区尚未开辟，因此请你们考虑根据本部署问题究以何者为宜。大约日寇溃败，国民党反攻，仅有一年至一年半左右时间，倘如失这个时间则将难在河南立足。再则国民党对日寇所留政策，对我党应坚决作战政策，其战斗力决不可轻视。请根据这一形势考虑电复。对高树勋及其他杂牌部队必须争取其中立，对任何国民党部队必须坚守自卫立场。

中央 巳巧

美军由欧东调，须要时间，日美决战当在明年夏季以后，故你们尚有一年至一年半以上之时间可以利用，过此时则将发生变化，以便应付内战，造成南方一翼，此任务具有重大意义。望根据此种前途考虑见复。

国民党有发动内战可能，到那时你们的根据地须具相当规模，以便应付内战，造成南方一翼，此任务具有重大意义。望根据此种前途考虑见复。

军委 巳删

中央关于河南今后作战方针的指示

一九四五年七月十五日

河南区党委：

（一）我军入豫后，在对敌作战、发动群众与建立党政等方面均有显著成绩，你们的领导是正确的。

（二）你们今后作战方针，应是向西防御，向东向南进攻（即对顽占区取防御方针，对敌占区取进攻方针），以求利用时间北与太岳太行，东与渡新黄河西进之冀鲁豫部队，南与五师部队完全打成一片，逐步地争取数百万群众，扩大民兵、游击队与主力军（在财力许可下），建立可靠的军事政治经济基础，准备一切条件，在一年之后，对付胡宗南大举进攻。如果不利用时间完成上述任务，我党在河南就将处于失败地位。此点必须预先想到。

（三）完成上述任务依靠你们现有力量更生，不要希望中央及太行、太岳再给你们以军力、财力及干部之援助。向一切负责干部明确地说明上述任务及依靠你们自己协同河南人民解决一切问题，不靠任何外援，是必要的与有益的。

（四）完成上述任务当然具有许多有利条件，但是必然会遇到种种内部的与外部的困

中央关于造成控制山东全局的条件的指示

一九四五年八月六日

山东分局：

美军登陆期近，国民党必用全力争夺山东。我为准备条件，以利在美军登陆后获得迅速发展，造成控制山东全局的力量起见，你们应注意：（一）训练军队；（二）训练干部；（三）加强武工队；（四）加强群众工作（彻底减租，但防止过左）；（五）尽可能彻底消灭顽伪；（六）加强城市工作（可能被我取之城市及要道）。如你们能在半年内加强这些条件，一遇美军登陆，敌军集中对美，我党可乘机发展，控制广大地区，而不怕国民党的争夺，否则我党将处于不利地位。上述任务，在冀鲁豫及华中是相同的。山东及华中的某些沿海地区，敌将于美军登陆前加强对我扫荡，自应加以注意。并告冀鲁豫及华中局。

中央 未鱼

难，对于此点你们应有充分的预见与精神准备，然后采取各项谨慎的坚决的适合情况的步骤，执行各项正确的军事政策，坚决发动群众的政策，以减租减息发展公私经济为基础的财政政策，团结各部分军队各部分干部特别是地方军政干部的内部政策，以求逐步地克服内外困难。

（五）你们应与晋冀鲁豫中央局（不日成立）及鄂豫皖区党委建立密切联络，将各种活动通知他们，同时告知我们。

中央
午删

中央关于双十协定后我党任务与方针的指示

一九四五年十月十二日

各局并转区党委：

双十节国共协定今日公布。这一协定奠定了和平建国基础，并为全国人民争取了许多民主权利（当然还只是写在纸上的东西），取得了我党和国民党平等的地位，这些都是此次谈判的重要成就。但有下列各点望加注意：

（一）和平基本方针虽已奠定，但暂时许多局部的大规模的军事冲突仍不可避免，除粤、鄂、豫、浙及苏南等地顽军正在向我进攻外，沿平汉、津浦、同浦、正太等路顽军正在向我大举进攻，争夺北宁、胶济、平绥三路的战斗亦将到来，我方必须提起充分注意，战胜这些进攻，绝对不可松懈。

（二）由于上述原因，解放区问题未能在此次谈判中解决，还须经过严重斗争，方可解决。这个极端重要的问题不解决，全部和平建国的局面即不可能出现。

（三）解放区军队一枪一弹均必须保持，这是确定不移的原则。在谈判中，我方提出四十三个师，是对彼方现有二百六十三个师的七分之一。后来彼方提出编整国防军计划拟编一百二十个师，故我方答应到那时可以编为二十个师，也是七分之一。目前伪军未解

中央关于争取平汉战役的胜利问题的指示

一九四五年十月十七日

晋冀鲁豫中央局诸同志：

在你们领导之下打下了一个相当的或胜利的上党战役，使得我军有可能争取下一次相等的或更大的胜利。在你们领导下的一切力量，除以太岳全力展开同蒲路的作战争取应有胜利外，必须集中太行与冀鲁豫全力争取平汉战役的胜利。即将到来的新的平汉战役，是为着反对国民党主要力量的进攻，为着争取和平局面的实现，这个战役的胜负，关系全局极为重大。

散，敌军未缴械，解放区问题未解决，谈不到编整部队问题。即将来实行编整时，我方自有办法达到扩大军队整编主力各地指示之一目的。过去中央指示之一，继续执行不变。

（四）为表示让步，取得全国同情起见，我方答应退出浙东、苏南、豫、湘等八地，这是因为在和平局面下这些地区不可能保持。但对当地人民是一大牺牲，须作妥善之解释及适当之处置。但在鄂豫目前仍照中央原定方针办理。广东则执行分散长期坚持计划不变。

（五）东北问题未在此次谈判中提出，我党一切既定计划照样执行。

中央 十月十二日

你们须准备以一个半月以上的时间,在连续多次的战斗中,争取歼灭八万顽军的一半左右或较多的力量,方能解决问题。望利用上党战役的经验,动员太行、冀鲁豫两区全力,由刘邓亲临指挥,精密组织各个战斗,取得第二个上党战役的胜利。八万顽军中有几个军具有颇强的战斗力,不可轻视。但顽军新到,地理民情不熟,系统不一,补充困难,急于求胜,又有轻视我军的心理,使我有隙可乘。务望鼓励军民,团结一致,不失时机,以上党战役的精神,争取平汉战役的胜利。

中央 酉筱

减租和生产是保卫解放区的两件大事

一九四五年十一月七日

各中央局并转各区党委:

关于减租与生产指示:

(一)国民党在美国援助下,动员一切力量进攻我解放区。全国规模的内战已经存在。我党当前任务,是动员一切力量,站在自卫立场上粉碎国民党的进攻,保卫解放区,争取和平局面的出现。为达此目的,使解放区农民普遍取得减租利益,工人及其他劳动人民取得酌量增资及改善待遇的利益;同时又使地主还能生存,使工商资本家有利可图;并

毛澤東手書真迹

第三时期·文稿

第三时期·文稿

五二九

五三〇

于明年发展大规模生产运动,借以发动大多数农民群众的革命热情。同时,在一九四六年内,全解放区的农业与工业的生产,务使有一个新的大规模的发展。不要因为战争而疏忽减租与生产,恰好相反,正是为了战胜国民党的进攻,而要加紧减租与生产。(三)减租必须是群众斗争的结果,不能是政府恩赐的。这是减租成败的关键。减租中过火现象是难免的,只要是真正广大群众的自觉斗争,过火现象发生后,再去改正。只有在那时,说服群众,使他们懂得让地主能够活下去,不去帮助国民党,对于农民及全体人民是有利益的。目前阶段我

实行减租,增加粮食与日用必需品的生产,改善人民的生活,救济饥民、难民,供给军队需要,成为非常迫切的任务。只有减租与生产两件大事办好了,才能克服困难,援助战争,取得胜利。(二)目前战争以大规模作战为主体,许多领导同志在前方指挥,不能分心照顾减租与生产。因此,必须实行分工,留在后方的领导同志,除做直接援助前线的许多工作之外,一定要不失时机,布置减租与生产两件大工作,务使整个解放区,特别是广大的新解放区,在最近几个月内(冬春两季)发动一次大的减租运动,普遍地

毛澤東手書真迹

第三时期·文稿
第三时期·文稿

五三二 五三一

党方针仍然是减租,而不是没收土地。在减租中及减租后必须帮助大多数农民组织在农会中。(四)使大多数生产者组织在生产互相团体中,是生产运动胜利的关键。政府发放农贷,工贷也是必不可少的步骤。不违农时,减少误工,亦十分重要。现在一面要为战争动员民力,一面又要尽可能不违农时,应当研究调节的办法。在不妨碍战争、工作与学习条件下部队、机关、学校仍要适当的参加生产,才能改善生活,减轻民负。

(五)我们已得了一些大城市及许多中等城市。掌握这些城市的经济,发展工业、商业与金融业,成了我党的重要任务。为此目的,利用一切可用的社会现成人才,说服和现有的合作,向他们学习技术与管理的才能,非常必要。

(六)告诉党员,坚决和人民一道,关心人民的经济困难,而以实行减租与发展生产两事作为帮助人民解决困难的重要关节,我们就会获得人民的真心拥护,任何反动派的进攻是能够战胜的。一切仍要从长期打算着想。爱惜人力、物力,事事作长期打算,我们就一定能胜利。

中共中央
十一月七日

中央关于宣传与谈判的方针问题的指示

一九四五年十一月七、八日

甲乙戊虞致丙丁：

美国政策深堪注意，友人意见值得考虑。但在美蒋坚决进攻方针下，我们无法退让，只有自卫一法。东北方面，山海关三日已打响，第十五师在美军支持下由秦皇岛进攻。事先要求我军退出山海关及离开铁路线，当地我军没有接受，彼即攻击，被我击溃。沈阳得失，决于作战结果。如我能在本月内歼灭其首先进攻的两三个师，取得集结兵力整训后备之时，一切仍要尽长期支持着想，爱惜人力物力，事事作长期打祘，我们就能胜利。中共中央十一月七日意见是很对的,应当采取『哀者』态度,应当照顾中间派,不要剑拔弩张,而要仁至义尽;但是总的情况,我处内线,彼处外线,我是防御,彼是进攻,再过一个时期,各方均会看得清楚。目前谈判方针,在不束缚手足,使将来不好说话的条件之下,可以保留伸缩余地。请你全盘考虑,并加分析告我,写出一个详细条文,以便研究成熟,再向彼方提出。

甲乙戌齐致丙丁:上电未发,接戌虞电,我们意见完全一致,即照来电办理,今日新华社发表国民党军队百余万番号,当有利于揭破彼方之欺骗。

间(需要两个月),并在尔后能根本歼灭其进攻力量,则东北可能归于我有,那时让国民党插一只脚,很好讲话。目前可以不公开自治军及全盘自治的宣传与要求,但战争是不可避免的。如果作战不利,蒋得沈阳、长春,则我方只能获得边境二等地方。即使如此,也要用战争才能解决,也就是兆南、龙江、佳木斯等地,也不是谈判可以获得的。中央军退出华北一点,谈判时可以提得恰当一点,宣传与谈判可以有些不同,但华北问题的解决同样取决于作战。目前的谈判,彼方全为缓兵之计,并无诚意解决问题,彼方一切布置均为消灭我党。我方宣传弱点甚多,你提出的

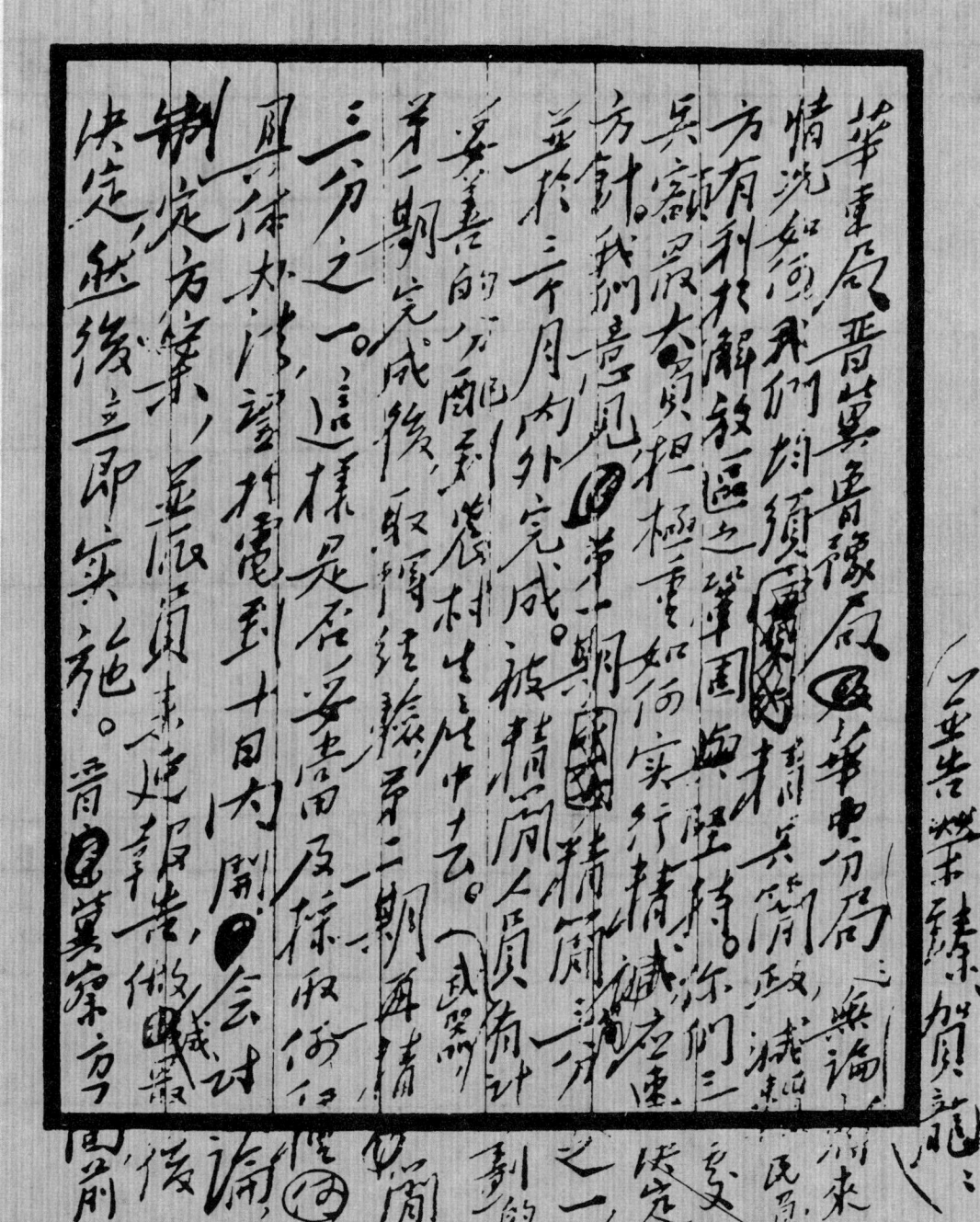

中央关于精兵简政问题的指示

（一九四六年三月六日）

华东局、晋冀鲁豫局、华中分局、晋冀鲁豫分局，并告荣臻、贺龙：

无论将来情况如何，我们均须精兵简政，减轻民负，方有利于解放区之巩固与坚持。你们三处兵额最大，负担极重，如何实行精简，应速决定方针。我们意见，第一期精简三分之一，并于三个月内外完成。被精简人员武器，有计划的妥善的分配到农村生产中去。第一期完成后，取得经验，第二期再精简三分之一。这样是否妥当及采取何种具体办法，望于电到十日内开会讨论，制定方案，并派员来延报告，做成最后决定。晋冀察方面已提出大致的方案，望根据恩来所带来的方案，再行考虑，制定详细方案，由荣臻尽快携来中央讨论。晋绥方面请贺立即筹划，并偕荣臻一道，乘飞机来延开会为盼。

中央
寅鱼

中央关于控制长春、哈尔滨及中东路保卫南北满的指示

1946年3月一十四日

东北局并告林彪、黄李：

（一）美苏中苏关系业已改善，苏军四月撤完，已照会王世杰，判断蒋介石必由沈阳出兵向北和我争夺长春、哈尔滨；（二）我党方针是用全力控制长哈两市及中东全线，不惜任何牺牲，反对蒋军进占长哈及中东路，而以南满、西满为辅助方向；（三）为此目的，请速与辰兄交涉，允许由我方派兵占领长哈两市及中东全线，如得允许，即令周保中部担负占领任务；（四）黄李部动员全力坚决控制四平街地区，如顽军北进时彻底歼灭之，决不让其向长春前进；（五）我南满主力就现地坚决歼灭向辽阳、抚顺等处进攻之敌，如能歼敌一两个师，即可牵制大量顽军不得北进，（六）如作战结果顽军在辽阳、抚顺地域巩固了他们的地位，以致可以抽兵北上向四平街长春前进时，你们须准备及时将南满主力转移至四平街长春之间，与黄李及周保中协力，为保卫北满而奋斗，留下相当数量之部队保卫南满解放区。（七）以上望考虑电告。

中央 寅敬酉

中央关于东北日前工作方针的指示

一九四六年三月二十七日

东北局及林：

宥日五时电悉。目前时机，对蒋对匪两项任务中，第一是对蒋。为了阻止蒋军北进，力争由我军占领长哈齐及中东全线（是否可能，主要由友人决定，但我应力争），必须使用主要力量，并须迅赴事机，迟则无用，这是完全正确的。但是为了防止蒋军与股匪联络，在我区设置据点，遗害将来（美蒋必要求派停战小组前往股匪地点监督停战），必须同时在乡区留下次要力量，配合地方党政，迅速剿匪。

你们须下两个通令，一个给主力军，规定他们的任务是对付蒋军，如你们近日所下者。一个给地方兵团与地方党政，规定他们的任务是剿匪，发动民众，巩固后方，特别对于那些已与蒋军有电台联络之股匪，不可忽视。应谆谆告诫地方负责同志，切不可以为自己工作不重要，他们也把自己目光放在占领长哈齐方面。望本以上方针，部置力量，指导工作。

中央 感申

中央关于东北作战问题的补充指示

一九四六年四月八日

林彪、彭真同志：

关于作战问题补充数点：

（一）北面作战应以及反复肉搏打几昼夜歼灭顽敌一个师至二个师之大部或全部为目的；因此，必须集中绝对优势兵力（例如六个旅或更多），必须作充分的精神准备与军事准备，必须选择有利于我之地形，不要浪打，打则必胜。这就是说，要准备打大的歼灭战。（二）为大规模作战所不可少的各项后勤组织，例如粮食供给、兵源补充、游击队配合作战等项，必须迅速在北面组织起来，南面机构及人员必须大量北移，并须从速。（三）破路极为重要，应组织专门破路司令部，凡敌将占及已占之路必须彻底破坏，动员兵众，公私兼顾，挖断路基又宽又深，而滚铁轨、枕木、器材让民众取去。已被敌占者让敌占但不久必被我夺取者（例如四平北端，本溪北端，抚顺东端等等）尤须大破。据密报蒋情反映，国民党入满各军如有五天得不到接济，即无法生存。因此普遍设立破路司令部，动员广大民众破路，是致顽敌严重害为方法之一，望速通令实行。

中央

卯齐

中央关于纠正群众工作中的错误问题的指示

一九四六年四月十一日

陈毅同志：

七日电悉。关于纠正群众工作中的错误，建议如下：

（一）群众工作中的错误有两类。第一类是空白村子及命令主义。空白村子是右的领导，完全不去发动群众的结果。命令主义，表面上是在积极发动群众，代替群众自觉的斗争，即用非群众路线代替群众路线，其结果仍然是空白村子。故凡属存在这一类错误现象的地方，必须注意研究与纠正。

（二）第二类是党在领导群众斗争过程中所发生的过火行动，即"左"的错误。其中首先应当注意的是侵犯中农利益，一经发现，必须迅速纠正。其次，是除减租减息外，过分地去打击富农与中小地主，亦必须注意于适当时机加以纠正。

（三）至于给豪绅恶霸以严重打击，只要是真正群众的行动，则不是错误而是必需。但是，到了群众斗争已经胜利，减租清算已经实现，大城市中豪绅地主的大声叫喊，是必然现象，我们绝不应为其所动。但是到了群众斗争已经胜利，减租清算已经实现之时，党便应当劝告群众对地主阶级由打的政策改变为拉的政策，例如让逃亡地主还乡，给地主以生活上的出路，并联络开明绅士参加某些工作，其目的在于使紧张空气和缓下来，以反对力量过早，损害群众利益。因此是必需的。但应注意不要拉得过早，损害群众利益与影响群众情绪。

（四）只要是真正的群众运动，当我们纠正干部及群众对于中农、富农及中小地主的过火行动时，应当用极大的善意与热忱去说服他们，使他们在自觉与高兴的基础上纠正自己的错误，想出补救的办法，绝对不可泼冷水，绝对不可使他们感觉受了挫折。

（五）来电说，在不动摇和承认农民已得利益的原则下，在不削弱群众积极性的条件下，逐渐纠正错误，这是很对的。山东及各地群众斗争正忧去说服他们，使他们在自觉与高兴的基础之上纠正自己的错误，想出补救之办法，绝对不可泼冷水，绝对不可使他们感觉受了挫折。

（五）来电说，在不动摇和承认农民已得到利益的原则下，在不削弱群众积极性的条件下，逐渐纠正错误，这是很对的。山东及各地群众斗争正在发展，虽有不少错误，但成绩甚大，前途是光明的。

（六）减租与反奸清算二者都不可少，应当研究各地工作的具体内容，善于领导，使群众斗争有广大发动，而又适可而止，做到有理有利有节。

（七）此电所述问题，是各地同志应当普遍知道的，如你觉得有必要时，请摘要转发各区党委与地委为盼。

中央　卯真

中央关于时局及对策的指示

一九四六年五月十五日

各局、周、叶罗、饶李：

伍：关于时局及对策：

（一）国民党除在东北大打外，积极准备全国内战，但因美国政策除一般扶蒋及助蒋在东北作战外，对全国内战尚不赞成，蒋对我军实力、国际舆论及国内人心有所顾虑，故尚不敢立即发动全国内战，但其准备是异常积极的；

（二）我党方针是力争东北停战及制止全国内战，至少也要推迟全国内战时间；因此我应采取如下对策：

关于东北前线指挥及在四平、本溪歼敌问题的指示

一九四六年五月一日

林：

感电悉。

（一）前线一切军事政治指挥，统属于你不应分散，如因工作繁忙需人帮助，如前线机关以精简为便利则照现状为好。

（二）东北战争，中外瞩目，蒋介石已拒绝马歇尔、民盟和我党三方同意之停战方案，坚持要打到长春。因此，我们必须在四平、本溪两处坚持奋战，将两处顽军打得精疲力竭，消耗其兵力，挫折其锐气，使其以六个月时间调集的兵力、武器、弹药受到最大消耗来不及补充，而我则因取得长、哈，兵力资材可以源源补充，那时，便可能求得有利于我之和平。

（三）力戒轻敌，每战必须集结全力，打政一点，以期必胜。此点你已充分注意，望深入教育，一体遵行。

毛泽东
辰东

（甲）不向国民党挑战：如国方向我蚕食或进攻，我必须坚决将其击退，收复失地，否则彼方得寸进尺，大内战将来得更快；但我必须坚守自卫立场，不向彼方主动进攻，纠纷发生，经过斗争之后由执行小组加以调处，使我处于有理有利之地位。

（乙）对执行部及各执行小组的工作加以调整，改善对美国人关系，无论美国人如何偏袒国方，我除据理力争外，只要美国未恢复赫尔利政策，策动全国内战，我即应尽可能争取美国人；最近时期，有些地方对美国人关系弄得不好，这当然是美国人态度不好所引起，但我们的争取工作亦有不足；今后应当注意研究、争取美国人的工作；即对国方代表及国方官长，亦须注意争取之，我方权利所在，必须力争，彼方无理要求，必须拒绝；但总的精神是求得在不吃亏的基础上解决纠纷，而不是使纠纷扩大。

（丙）东北方面是一方面坚决作战，四平街保卫战支持的时间愈长愈有利，另方面是对外强调停战与争取停战，对外谈判人员应强调停战与争取停战。热河方面，因彼方源源调兵扩大东北内战，故我不能不对锦热路加以破击，一俟告一段落，即应转入调整。

（丁）除东北加紧

中央关于大打后我军部署的指示

一九四六年六月十九日

刘邓薄、贺李、聂刘并告陈：

（一）观察近日形势，蒋介石准备大打，恐难挽回，估计六个月内时间如我军大胜，必可能议和；如胜负相当，亦可能议和；如蒋军大胜，则不能议和。因此，我军必须战胜蒋军，争取和平前途。

（二）大打后，我晋察热辽主力应对付热河及平津方面蒋军主力，以一部协助贺李对付傅作义，及一部协助刘邓夺取正太线；我贺李统一指挥绥主力及聂刘一部，协助刘邓夺取同蒲北线，以又一部协助刘邓薄夺取正太线。

（三）我贺李主力应对付傅作义及聂刘一部之进攻及夺取同蒲北线，以一部协助刘邓薄之进攻及夺取正太线。

热河方向，因绥方派遣调兵援大东北内战，故我不利对锦热路加以破坏，俟告一段落后，所部须加以调整；（丁）除东北加紧作战同时抓紧减租生产外，各解放区均在抓紧练兵、减租、生产三大任务，必须在今后六个月内做出显著成绩，即以此制止全国内战，如国民党必欲发动内战，我亦能将其彻底粉碎而使自己立于不败之地。今后六个月又分为两期，五六七月为一期，八九十月为一期，望各地首先抓紧目前三个月工作，切勿麻痹松懈。

（戊）在一切大城市中，除发展群众工作外，应用极大力量争取各部分中间派及国民党中间派。

中央 辰删

北线;以一部协助刘邓薄取晋西南及同蒲南线。

(四)我晋冀鲁豫主力对付河南方面蒋军主力,余用于夺取正太线、同蒲南线及晋西南,最后协同晋北、晋东北,夺取太原。

(五)拟以陈赓为司令,薄一波为政治委员,组指挥机关,统一指挥太行、太岳、晋西、晋东北(太南、晋南(吕梁)及晋东北靠近太路两个分区之一切党政军民力量,其任务为夺取同南线、晋西南全区,白晋之东沁线及太原娘子关间正太路,陈赓纵队司令员务以别人代替或代理。

(六)你们对于上述布置有何意见望告。

(七)我大打必须在蒋大打之后,以示衅由彼启。

中央 巳皓

陈饶粟,刘邓薄,为邓棠谭:(一)陈饶粟真干电判断及部署均正确;对桂顽进攻鲁北,应有反击准备;但鲁南六军仍不宜此时南下,以免陷于被动地位;(二)刘邓所部亦应就地整训待机,不要轻动,(三)寅周千文称:薛岳北大战即将剖始,顽军将由徐州向南,由津浦向东,由江北向北,三方面同时动作,先求解决苏北,然后打通津浦平汉;(四)在此情况下,待敌向我苏中苏北大举进攻,我苏中苏北各部先在内线打起来,(五)最好先打几个胜仗,看出敌人弱点,然后我鲁南豫北主力加入战斗,最为有利;(五)山东对胶济方面休整待机坡浪战之部署亦是(对的)正确的;(六)一切作长期打算,争取最后胜利。 军委午元

中央关于粉碎反动派进攻的作战计划的指示

一九四六年七月十三日

郑李：

（一）蒋介石决心大打，其计划是先攻苏皖，后攻华北，并企图消灭我中原军，其攻苏皖之计划定于数日内行动，分为三路，一路由徐州向南，一路由津浦向东，一路由江北向北，同时向我苏皖边区进攻，总兵力在二十师以上。

（二）我党决心粉碎反动派的进攻，争取胜利，取得和平。

（三）我中原军之任务，是以机动灵活之行动，在鄂、豫、皖、

军委关于苏中、苏北和山东作战部署的指示

一九四六年七月十三日

陈张黎、刘邓薄、张邓粟谭：

（一）陈张黎真子电判断及部署均正确，对桂顽进攻淮北，应有反击准备；但鲁南大军仍不宜此时南下，以免陷于被动地位。（二）刘邓所部亦在现地整训待机，不要轻动。（三）宁周午文称：苏北大战即将开始，蒋军将由徐州向南，由津浦向东，由江北向北，三方面同时动作，先求解决苏北，然后打通津浦、平汉。（四）在此情况下，待敌向我苏中、苏北展开进攻，我苏中、苏北各部先在内线打起来，最好先打几个胜仗，看出敌人弱点，然后我鲁南、豫北主力加入战斗，最为有利。我苏中、苏北主力，邯署亦是正确的。（五）一切作长期打算，争取最后胜利。（六）山东对胶济方面休整待机力戒浪战之。

军委
午元

央关于克服归队思想在敌后创建根据地的指示

（一九四六年九月十日）

党委各同志，并告中原局：

（一）我们完全同意中原局八日电，以十五旅全部即调陕南，另派一部分力量到大洪山联军旧地。发展大洪山根据地力量，这样鄂西、鄂中、陕南成犄角之势，牵制蒋军一大部分力量，协助华北、华中、西北粉碎国民党进攻，这是你们的伟大战略任务，你们应把这一战略任务传达每一指战员，克服归队思想，坚决完成任务。

（二）蒋军现以十四个旅对付我中原军（包括陕南、鄂西、鄂中、鄂东、皖西），以九十八个旅沿长江下游，津浦南线新黄河及陇海全线（徐州至天水）向苏中、淮海、豫东、鲁南及陇东各解放区进攻。晋南及陇东各解放区进攻。

内线作战部队取得胜利，帮助我内线作战部队取得胜利，是为作战之第一阶段；然后，我内线部队渡淮向南与中原军会合，夺取信阳、大别山、安庆之线，是为第二阶段。

（四）上述计划务守秘密。

（五）此电阅后即毁。

（六）你们行动计划望告。

中央
午元

十元至申齐，不到两个月内已十八（个）半旅被我歼灭，或我歼灭性之打击，我们计划在今后四至六个月内再歼敌二十个左右，使可粉碎此次国民党大举进攻并获得向中原发展之可能，如果我能再歼敌二十个旅，我刘邓军必可渡新黄河向东军之一部必可向大别山发展，我华中军及陕东军之一部便可和你们直接配合作战。

（三）因此坚决克服归队思想，在敌人后方创立几个根据地稳脚跟，钳制大量敌人，这是你们的神圣任务。

（四）同时距离近，部队小可以冒险归队，像你们这样大部队距离如此之远，勉强归队，有拖垮之危险，故万万不可行。

（五）为执行上述战略任务，并便于解决衣粮，应照中原指示，迅调十五旅全部入陕南，再派李人林率电台及一个相大的部队去大洪山。

（六）如果鄂西北农难，除十五旅及陈先瑞部决定留在陕南，罗文全部必须留在鄂西北不敢变动外，可考虑王刘率一纵主力去大洪山发展根据地，但须估计王力去大洪山发展根据地；但估计六六师全部及七二师大部将向鄂中进攻之情况；

（七）总之不论如何总是要在后创造根据地而不是归队，你们应开展坚决的斗争，反对异常危险的及违背战略任务的归队思想，反对一部分同志在困难中的动摇逃跑。

（八）此电大意你们可通知分区负责人，但你们及各分区须阅后即焚毁，不可遗失，对分区以下同志用口头传达。

中央 申灰

毛澤東手書真迹　第三时期·文稿　第三时期·文稿　五六三　五六四

中央关于目前战局及谈判问题的指示

一九四六年十月十日

周董并告叶：

酉庚沪电悉。

（一）家康发言很好。

（二）现时一切所为均在为分裂时责在彼而不在我，所见甚是。

（三）蒋军一般能守但攻击精神很差，这是反映官兵矛盾，士兵及下级战意不高。怀来正面十六军被我歼灭一个团又一个营后，其攻势即顿挫。现一方面以九四军之两个师（缺一个团又一个营），从门头沟向怀来以南，一方面从延庆方向抽出五三军两个师中之一个师，加入怀来正面：又一方面从东北抽调一个旅，正向昌平集中，准备第二次进攻；此外十三军攻围场向沽源，傅作义一部进张北，蒋提十天休战，全是便于调兵并使我在十天内不能还击。

（四）各地蒋军进攻要达顶点，过此以后他便无力再进，我即可以寻找弱点，逐一歼灭其有生力量，逐渐转入反攻，收复失地（目前短期内还将失去几个地方），此种可能性现已明显露出来。

（五）午未申三四个月共歼蒋正规军二十五个旅（包括阎锡山）。今后三四个月内，应为再歼二十五个旅而奋斗。（六）目前谈判与军事无联系，不发生斗争。

蒋正规军卅五个旅（包括阎锡山）今后三、四个月内在无再援开五个旅的希望（六）同前谈判与军事无联系，不要发生配合教育群众问题，你们只把握教育群众，表明分裂责不在我一点便好。对美蒋欺骗取坚决揭露方针，对马司退出调停之表示不要表示挽留之意，再过一时期我即应考虑退出为宜，再过一时期我即应考虑退出执行部（似以冬季过后提出为宜，因双方在东北冬季均无意大打，执行部在东北还有些作用）。（七）东北目前继续休战一时期，是蒋方需要调一部兵力攻热河（七一军一个师）及平绥（快速部队及一个旅）；我方现发动报复作战，攻克西丰，并拟再打几仗，但在东北全局上大体仍应保持平静，但这些对外均不要提及。

甲乙　酉灰（阅后即毁）

军委关于配合保卫延安的指示

（一九四七年三月六日）

刘邓,并告陈谢、玉孙韩、滕薄王:

鱼午电谅达。陈谢率五个旅寅皓渡河,袭占陇海潼洛线,为调动胡军保卫延安最好方法,你们休整于寅删前结束,期于寅皓与陈谢渡河,同时攻击平汉线,第一个战役关系重大,望速作准备。胡宗南指挥第一师三个旅、九〇师两个旅、二七师两个旅（一个团位于大宁）、三六师两个旅、一七师两个旅、七六师三个旅、一五师一个旅及一个保安旅、一个骑兵旅共十七个（一个团位于大宁）兵旅共十七个,除一部守备陇东关中外,主力正向宜川洛川中部之线急进,寅灰可能开始攻击毕,寅删可能延至寅号之间）。我现布置内线纵深防御,可能迟滞十天时间,主要依靠陈谢谢从外线解围。估计陈谢五个旅切断潼洛必能引起变化,即使突入延安亦难持久,而陈谢在潼洛之行动又需你们积极援助。此次胡军攻延带着慌张神情,山西仅留四个旅,西兰公路及

毛澤東手書真迹
第三时期·文稿
第三时期·文稿
五六九
五七〇

陇海线均甚空虚,集中全力孤注一掷,判断系因山东及冀鲁豫两区失败,薛岳去职,顾祝同调徐,胡宗南实际上主持郑州军事,急欲抽兵进攻豫北,故先给延安一个打击。而我们则须保持延安及边区,以便钳制胡军,只要延安及边区存在即能钳制大量胡军不敢东调。你们准备情形盼告。

军委
寅鱼亥

军委关于南进作战应注意的几个问题的指示

一九四七年八月十二日

刘邓并告陈粟：

有三点请你们斟酌：

（一）鉴于二万五千里长征时期休息太少，疲劳太甚，减员太多，而那种性急有许多是不必要的；此次我军南进，必须减少不必要的性急，力争少走路，多休息；情况紧张时应当走几天长的，但应跟着休息几天，恢复疲劳。

（二）在目前几个星期内，必须避免打大仗，专打分散薄弱之敌，不打集中强大之敌，待我军习惯于无后方外线行动，养精蓄锐，又在有利于我之

敌情地形条件下方可考虑打大使

（三）不要希望短期内就能在大别山、豫西、皖西等地建立巩固根据地，这是不可能的，这些都只能是临时立足点；必须估计到，我军要有很长时间（至少半年）在江河之间东西南北地区往来机动，宣传群众发动群众，并在歼灭敌人几十个旅之后方能建立巩固根据地。

（四）以上三点如刘邓认为可行，则请告知刘邓认为可行，则请告知陈唐叶陶为可行，则请告知陈唐叶陶一体遵行，使大家有精神准备，以利战胜蒋介石。

军委
未文

军委关于陕北部队配合南线三路大军的行动部署的指示

一九四七年八月十六日

彭：

为着配合陈谢刘邓陈粟各军大举南进之行动，搅乱蒋胡全局，迅速收复内线失地，挽救财粮危机之目的，提议我全军八个旅于三日内紧急办好十天携粮，于未寄开始取道双湖峪以西，以六天行程到达盘龙、青化砭地区，休息两天，然后以独二独五两旅在青化砭、郡县之间节节阻滞敌人南进，我主力六个旅，沿公路以五天行程到达洛川附近，休息三天，再沿公路南进，以七天左右时间到达咸阳附近（洛川以南行程依胡军主力尾追之快慢为快慢），然后转向宝鸡或向西兰公路或在泾渭之间活动，或缩回关中边区休息，依情况决定。请考虑此计划是否可行及三天内能否办好携粮。又沿途只打分散薄弱之敌，一切坚固设防据点均避开之，蟠龙、洛川之间依靠大部房舍获敌粮供应，洛川以南依靠全部房舍获敌粮供给，不知可能否？如你同意此项计划，则拟令陈谢推迟至未渡河，以免早日惊动胡敌。又估计刘戡主力未皓可达镇川、米脂、葭县之线。

军委

十六日廿四时于葭县以西卅里之曹家庄〔我们明（十七）至大会坪〕。

关于保卫胶东的作战方针的指示

一九四七年八月二十五日

饶黎并告陈粟、刘邓：

敬亥电悉。蒋介石似乎判断我主力必守胶东，企图以四五个师向胶东进攻，吸引我主力进入内线后，即向青岛、平度、掖县一线建筑坚固工事加以封锁，以两个师左右守备该线，然后以三四个师向东攻击。彼似希望此计迅速成功，以便抽出三个师用于他处。目前彼在临沂以北使用了二十个旅，与向大别山对付刘邓之兵力约略相等，而在鲁西南对付陈粟之兵力则甚薄弱，在陕北对付彭习之兵力

军委关于给敌以歼灭与给敌以歼灭性打击并重的指示

一九四七年八月二十八日

刘邓、陈粟、许谭（饶黎转）、陈谢并告彭朱刘（转聂萧）、杨罗：

在目前情况下，给敌以歼灭与给敌以歼灭性打击，必须同时注重。给敌以歼灭是说将敌整旅整师干净全部地加以歼灭，不使漏网。执行这一方针，必须集中三倍或四倍于敌之兵力，以一部打敌正面，以另一部包围敌之两翼，而以主力迂回敌之后方，即是说四面包围敌军，方能奏效，这是我军自三十六师被歼后已甚感不足（仅有七个机动旅）在豫西对付我陈赓之兵力则完全没有。在此情况下，蒋介石必在胶东方面力求速决以便抽兵。因此，我们完全同意你们以一部位于内线，以主力（二、七、九纵）位于外线（诸城一带）寻机打一二个小胜仗（不打无把握之仗），敌即不敢向胶东深入，胶东大部至少一部即可保全。

毛泽东
未有申

我军的基本方针,这是在敌军分散孤立,敌援兵不能迅速到达之条件下须实行的正确方针。但在敌军分数路向我前进,每路相距不远,或分数路在我军前进方向施行防堵,每路亦相距不远之条件下,我军应当采取给敌以歼灭性打击的方针。这即是说,不要四面包围,而以我之全力用于敌之正面及其一翼或两翼,不以全部歼灭敌军为目标,而以歼灭其一部,击溃其另一部为目标。这样做,可以减少我军伤亡,其被歼灭之部分可以补充我军,其被击溃之部分,敌可以使其大量逃散,敌能收容者不过一部分,其被击溃之部分可以补充我军,其被击溃之部分可以使其大量逃散,敌能收容者不过一部分,短期内亦难恢复战斗力。现在顾祝同系统尚有三十二至三十五个战略性野战机动旅,分散使用于胶东、鲁西南、皖西及河南,若我能依情分别图谋取上述两种方法,在短期内给其十个至十五个机动旅以歼灭及歼溃性打击,则局势可以迅速改变。望斟酌实施之。

军委
未险

军委关于大别山区作战部署的指示

一九四八年一月二日

刘邓、粟陈唐、陈谢并告徐滕薄：

（一）粟陈唐东晨电悉。此次粟、陈两军歼灭三师及围攻确山之行动，已从大别山方面调动敌人六个旅向西向北，八五师亦被赵纵之行动调至应城地区，五师、七五师亦被调动至沙河附近，这一形势有利于大别山方面之作战，亦有利于郑徐线南北我军之活动。但因二十师未能歼灭，刘邓方面尚未得及执行由分散工作到集中歼敌，白崇禧所部渐进攻刘邓之实力并未减少，如果此时粟陈唐部即转回郑徐线，陈谢准备向渭南，则大别山之困难仍难解决，而大别山困难只有由刘邓、粟陈、陈谢三军协力在一至二个月内歼敌数个旅，方能开辟胜利解决之道路。大别山根据地之确立，则是整个南线胜利的重要环节。

（二）因此我们意见：（甲）刘邓在内线于本月内开始集中相当兵力，以寻机歼敌二个至三个旅为目标；（乙）刘邓之一纵仍在淮河以北执行钳制任务，必要时配合粟陈、陈谢作战；（丙）粟、陈谢已会合之各部，统在确山、许昌之间集结休整若干天，吸

引敌人于自己周围,以利刘邓之作战,并准备寻机歼灭一路,如南面无好打之伏,打则打许昌,许昌之敌如好打则打,许昌之敌不好打,则考虑以粟陈唐部攻占南阳,陈谢部攻占襄樊,以引白崇禧部向西,以利刘邓之作战,并寻机歼灭向西之敌之一部,同时让敌重占许昌确山段,以利尔后粟陈唐回师歼其一部,陈谢占襄樊后与已占郑阳之刘旅打通联系,在汉水中段建立自己的巩固后方,以利尔后向渭南之行动(在大别山困难已获初步克服之后),并协助王、赵两纵开辟桐柏、江汉两区,如果我军采取此行动,还可能分散白崇禧部向宜昌一带布防,并准备寻机歼灭刘邓之作战一路,如南面无好打之伏,打则打许昌,许昌之敌如好打则打,许昌之敌不好打,则考虑以粟陈唐部改位南阳,陈谢部改位襄樊,吸引白崇禧部向西,以利刘邓之作战,并寻机歼灭向西之敌之一部,同时粟陈唐回师歼其一部,陈谢位襄樊后与已位郑阳之刘旅打通联系在汉水中段建立自己的军周。后方以利尔后向渭南之行动(在大别山困难已获初步军克服之传)并协助王赵两纵荆辟桐柏江汉两区,如果

我军采取此项行动区白崇禧部方敌向宜昌一带布防。(二)八、十、十一纵于攻克菏泽后休整若干天即举行徐蚌段破击战役,该三纵在两个月内即在徐蚌东西,郑徐南北地区单独作战,不要盼望主力向东。(三)你们对上述部署意见如何,盼考虑电复。

军委
子冬

军委关于南线各军三个月行动方针的指示

一九四八年一月十六日

徐滕薄、华东局、邓子恢、中工委：

刘邓李、粟、陈谢：

有午电及小平刘邓报告一般情况各电均悉。

（一）陈粟、陈谢两军本月休整，且寅卯三个月包括作战间陈中的几次短期休息在内，可以举行三次至四次较大战役，歼灭大批敌人，即可有力地帮助你们。

（二）你们在三个月内，以分遣坚持，多休息打小仗，待三万新兵到手充实部队后，则打中等规模之仗为有利。三个月后南北配合行动，可能进入打大歼灭战之阶段。

（三）三个月内，陈粟、陈谢两军作战原则是调动敌人打中等规模之歼灭战，其机动范围是郑洛潼方向、南阳襄樊方向、信阳广水方向、淮阳开封方向，总以能歼灭较多敌人为有利。首先配合你们，其次配合彭张及徐滕薄，又其次配合苏中、苏北为原则。

（四）请徐滕薄除训练新兵准备输送前方外，注意炮弹手榴弹及炸药对于南线各军之供给。

（五）彭贺陈到中央会商完毕，彭张军且

关于辽阳收复后东北野战军作战方针的指示

一九四八年二月七日

林罗刘,并未刘:

六日电悉。

(一)庆祝你们攻克辽阳。

(二)南线各军除一部分外,一年半中没有作过大休整,最近作了一次全面大休整。彭粟军丑二旬结束休整,寅初行动。陈谢军、陈谢军、许谭军、徐滕薄军,丑底结束休整,寅初行动。刘邓军暂时分散打小仗,是半休整状态。苏北军原只四个旅二万余,现拟增强至七个旅五万余,寅月可行动。南线敌除对大别山进攻外,其他均取守势。杨苏杨军四月方可行动,丑底寅初与杨罗耿军

(六)许谭率七、九两纵休整完毕后,由胶济线向苏北出动,今后苏北苏中可形成一重要战场,威胁京沪。中央决定恢复华中分局,陈毅为书记,邓子恢为副书记,管辖现豫皖苏地区、苏北苏中地区及巢湖以东之淮南区,七、九两纵及一切华中部队统归陈粟指挥。

军委
子宥

齐以前从清涧以北开始南进,陈于月底动身东返,经中工委、五台、渤海、邯郸转达中央方针后,约寅初可到部队。

除对大别山尚有重点进攻外,其他均取宁势。

创造良好战场。你们现在打辽鞍本营区域之敌,很有必要。这个战役完成后,你们就可解放辽南,两个纵队增至主攻方面去。下一次作战有两个方向,一是打抚顺、铁岭、法库之敌。一是打阜新、义县、锦西、兴城、绥中、山海关、昌黎、滦州等地之敌。究竟打何地之敌为好,依情况决定。但你们应准备对付蒋军由东北向华北撤退之形势。蒋介石曾经考虑过全部撤退东北兵力至华北,后来又决定不撤。这主要是因为南线我军尚未渡过长江,及北线我军尚未给蒋军以更大打击的原故。但最近你们已连续取得几次大胜仗,蒋军从东北撤退的可能性就增长,其时间可能在夏季,或更早一些。因此你

杨罗杨军丑寅初当可打平绥,卯月或可出冀东。该军须学会宽大机动的战略思想,他们一出平绥冀东,看见宽广的天地,眼光就扩大了,许多不必要的顾虑就可扫除了,此点请朱刘就近加以督促。

(三)你们如能照我前次电报所讲的意见,将大休整(一个月或一个半月,至多两个月)时间推迟至解冰以后,而在解冰以前只利用几个战役或战斗之间的空隙,作若干次小休息(这种小休息是完全必要的),则尚可利用冰期打两个月仗,歼灭大批敌人,替夏秋两季大批敌人,替夏秋两季

大胜仗,如果你们再有几次大胜仗,出平绥、出冀东,杨罗杨又出平绥,出冀东,南线我军又有积极行动,蒋军从东北撤退可能性就将突然增长,其时间可能在夏季或更早一点。

因此,你们应准备在一个月内外,完成现地区之作战,再进行一个月以后,再进行一个战役(包括打几仗),然后进入大休整,准备应付上述可能的新形势。但不知部队情况许可这样做否。你们上次电报曾说锦州方向无仗可打。该方向情况究竟如何?如果我军能完全控制阜义兴绥榆昌滦地带,对于应付蒋军撤退是否更为有利?对我军战略利益来说,是以封闭蒋军在东北加以各个歼灭为有利。如果我军尚无足够力量阻止其撤退,则撤退后的蒋军似将控制锦州、承德、北平、天津四角及其中间地区,其给养当然会很困难,士气会更衰落,但兵力则较集中,这些可能情况亦须预先见到。当然,蒋军死钉在东北不撤退的可能性也有,但除非我军强大到使其无法撤退,否则是难于设想的。

毛泽东
七日廿时

市，似乎还没有过一次认真的研究，亦没有将城市工作的经验向中央作过反映。我们占领了并长期管理了张家口、邯郸、淮阴、长治、晋城、淄川、博山、威海卫、烟台、德州、承德、安东、哈尔滨、齐齐哈尔、牡丹江、佳木斯、石家庄等几十个大城市及中等城市，临时占领过的则有沈阳、长春、焦作、韩城、许昌、漯河、运城等处。可是，这一切城市工作经验（不能说不丰富），除运城一处我军入城秩序不好，曾由邯郸局有过反映外，没有任何一处有过反映。像石家庄这样重要的经验，是由中工委总结的。两年前张家口的经验，我们是从中工委的丑皓电才看到的。这种在重大问题上（不是小问题或技术问题，而是重大的政治问题）事前不请示、事后不报告的极端恶劣的习惯，在七大以后并未根绝，现在已相当严重地影响了党的工作的发展。

（四）为了将党的注意力不偏重于战争与农村工作，而引导到注意城市工作，为了使现已取得的城市的工作在我们手里迅速做好，为了对今后取得的城市的

军委关于华东野战军夏季作战目标的指示

一九四八年五月二十一日

陈粟,并告华东局、许谭,刘邓:

巧申、鄂巳两电悉。

(一)我一、四、六纵可于二十五日左右由临濮集、郓城地区南渡,先在鲁西南及陇海线上歼灭几部敌人,造成集中一、三、四、六、八及十一等六个纵队全力歼灭五军之条件,而以歼灭五军为夏季作战之中心目标。

(二)你们集中兵力之最大数目为一、三、四、六、八及十一等六个纵队共十六万人之众,这个数目足够担负各个歼灭五军及该区其他敌军,对于供应问题较易解决,又不致影响山东兵团及刘邓兵团之兵力配备,如果有抽调刘邓一纵及许谭某纵以聚歼五军之充分必要时,望报告我们批准然后执行。

(三)刘邓担负钳制十八军使不能东援。

(四)许谭除以九纵休整并作预备队外,主力应立即出动夺取泰安及其南北地区,钳制济南及济南徐州线上各敌,使不能西援。

(五)陈毅不参加此次作战,尽可能迅速地偕同邓子恢及大批干部去豫西和刘邓会面,建立中原军区及中原局

毛澤東手書真蹟

第三时期·文稿
第三时期·文稿

六〇七
六〇八

军委关于准备歼灭东进之胡宗南部的指示

（一九四八年七月十四日）

刘陈邓并告粟陈张，许谭，华东局：

（一）胡宗南抽出两个师（番号待查）由裴昌会指挥，拟经洛阳出郑州业已确定，你们须加紧准备，待敌由灵宝东进至适当地点时歼灭之。

（二）敌因中原失败，除从胡部抽出两个师外，又有从东北抽回第八军消息，如属实，估计将于连云港登陆加入徐州方面，填补七五师、六六师等部被歼后之空缺。

（三）兖州已克，许谭正准备歼灭援敌全权，许谭攻克济南，此战如胜利，拟令许谭改攻济南，如敌在八九两月攻克济南，则许谭

经常工作。

（六）粟裕全权指挥一、三、四、六、八及十一纵之作战，并指挥许谭在津浦线上之配合作战。

军委 辰马

保证控制济南及津浦线，济南徐州线上各敌使不能西援。（五）陈毅不参加此次作战，葛可坤区去地偕同邓子恢及大批干部去豫西和刘邓会同建立中原军区及中原局经常工作。（六）粟裕全权指挥一三四六八及十一纵之作战，并指挥许谭在津浦线上之配合作战。军委 辰马

能在八九两月攻克济南,则许谭全军(七纵九纵十三纵渤纵鲁纵)可于十月间南下配合粟陈韦吉打几个大仗,争取于冬春夺取徐州。

(三)向前所部北进于歼灭阎敌三个师后,现又于太谷地区围歼阎军四个师又三个总队,并准备继歼由平介汾孝向清源方面退却之两个师。假如这些敌人都解决,则阎部仅余五个师及若干特种部队困守榆次、太原、阳曲、忻县四点,我有提早夺取太原等地之可能。

军委
午寒

关于『毛泽东主义』问题给吴玉章的电报

（一九四八年八月十五日）

吴玉章同志:

未元电悉。那样说是很不妥当的。现在没有什么毛泽东主义,因此不能说毛泽东主义。不是什么「主要的要学毛泽东主义」,而是必须号召学习马恩列斯的理论和中国革命的经验。这里所说的中国革命经验是包括中国共产党人(毛泽东也在内)根据马恩列斯理论所写的某些小册子及党中央各项规定路线和政策的文件在内。另外,有些同志在刊物上将我的名字和马恩列斯并列,说成什么「马恩列斯毛」,也是错误的。你的说法和这后一种说法都是不合实际的,是无益有害的,必须坚决反对这样说。

毛泽东 未删

军委关于攻济战役必须估计三种可能情况给粟裕等的电报

一九四八年八月二十六日

粟谭陈唐，并告许王谭：

六月十三时电悉。攻济打援须预先估计三种可能情况：（一）在援敌距离尚远之时攻克济南；（二）在援敌距离已近之时攻克济南；（三）在援敌距离已近之时尚未攻克济南。你们应首先争取第一种，其次应争取第二种，又其次应有办法对付第三种，即在第三种情况下，应有临机改变作战计划，改攻城为主改变为策援为主，在打胜援敌后再攻城。估计到这一点，在你们将全军区分为攻城打援两个集团和阻援打援集团之后，两个集团均应留出必要的预备兵力，特别是打援集团应留出强大预备兵力，准备在第三种情况下，手里有足够力量歼灭援敌。为达此种目的，着重多道坚固阻援阵地的构筑，以便一方面节省阻援兵力，不使自己的大量兵力消耗和疲劳于阻援阵地之中。另一方面使敌大量消耗于我阻援阵地之前。弹药的使用及储备，粮秣的筹集，均须和上述要求相适应，即要注意在第三种情况（最困难的情况）出现时，你们不但在兵力上，而且在弹药和粮秣上，均有办法战胜敌人。只有在你们预先准备好了这一切，才能保证胜利。

军委

廿六日三时

亦有不顾长春，径向锦州增援之可能。假定如此，你们更应于攻克义县之后，力求迅速攻克锦州，否则敌援接近，你们集中全力去打援敌时，锦州、锦西两处之敌势必集中一处去打锦路，并使尔后难于歼击该敌。若你们能够迅速攻克义县、锦州两点，则主动权便可操在你们手中，否则，你们可能产生如像过去半年那样处在长沈两敌之间，一个也不好打的被动姿态。你们必须估计到打沈阳倾巢援锦之敌时，有好打不好打，打得胜打不胜两种可能性，因此你们是否能取得战役主动权（当然战略主动权是早已有了的），决定于你们是否能迅速攻克三点，尤其是锦州一点。只在两种设想之下，你们可以在未占锦州的情况之下，也能获得战役主动权，这即是：你们能与沈敌北上迎接敌军长敌时，能打一个极大的胜仗，歼灭敌军十万左右；或者于沈敌援锦时，你们也能打一个这样的大胜仗。但是我们不知道确有此种把握否，我们觉得，首先攻占锦州是有较大把握的，并且是于全局有利的，以上望见复。此外，我军从九日出动至今日已二十一天，尚未开始攻击义县，动作实在太慢，值得检讨。

军委 艳寅

毛泽东手书真迹

第三时期·文稿

第三时期·文稿

六一九 六二〇

军委关于不应改变攻占锦州计划的指示

（一九四八年十月三日）

林罗刘：

二日廿二时电悉。

（一）你们应利用长春之敌尚未出动，沈阳之敌不敢单独援锦的目前紧要时机，集中主力迅速打下锦州，对此计划不应再改。在义县、兴城、绥中之敌已被歼灭的情况下，葫芦岛、锦西地区的敌已虽然增加新五军及九十五师，并准备以四个师打通两锦交通，你们可以于攻锦州之同时，部署必要兵力，于两锦交通线上，首先歼灭由锦西增援锦州之四个师，然后打下锦州。在五个月前（即四、五月间），长春之敌本来好打，你们不敢打；在两个月前（即七月间），长春之敌同样好打，你们又不敢打。现在攻锦部署业已完毕，锦西、滦县线之第八第九两军，亦已调走，你们却又因新五军从天津调至葫芦岛，九十五师从山海关，九十五师从天津调至葫芦岛一项并不很大的敌情变化，又不敢打锦州，又想回去打长春，我们认为这是很不妥当的。

（二）你们指挥所现到何处，你们指挥所本应在部队运动之先（即八月初旬），即到锦州地区，现在部队即将到达，你们尚未到达，望你们迅速移至锦州前线，部署攻锦，迟延过久，你们有处于被动地位之危险。

军委
三日十七时

关于淮海战役的作战方针

（一九四八年十月十一日）

饶粟谭并告华东局、中原局：

关于淮海战役的部署，待你们十五日作战会议讨论提出意见后，我们将以我们的最后意见告知你们。现在将我们考虑时考虑的几点供你们会议时考虑的材料：

（一）本战役第一阶段的重心，是集中兵力歼灭黄兵团，完成中间突破，占领新安镇、运河车站、曹八集、沭阳、峄县、枣庄、临城、韩庄、台儿庄、临沂等地。为达成这一目的，应以两个纵队担任歼灭敌一师的办法，共以六个至七个纵队，分割歼灭敌二十五师、六十三师、六十四师。以一个至二个纵队，担任阻援及歼灭一师，即以两个纵队担任阻援及歼灭李弥部一个旅，歼威胁徐州，使邱李两兵团不敢以全力东援。以一个至两个纵队，加地方兵团，位于鲁西南，侧击孙元良三个师东进，望陈、邓即速部署攻击郑徐段，以牵制孙兵团。（以一个纵队，活动于宿迁、睢宁、灵璧地区，以牵制李兵团）。以上部署即是说要用一半以上兵力，牵制及阻击及歼敌一部，对付邱李两兵团，才能达成歼灭黄兵团三个师之目的。这一部署，大体如同九月间攻济打援的部署，否则不能达成歼灭黄兵团三个师之目的。第一阶段，力争在战役开始后两星期至三星期内结束。（二）第二阶段，以大约五个纵队，攻歼海州、新浦、连云港、灌云地区各城。估计这时青岛之敌很有可能由海运增至海州、新浦、连云港地区，该地连同原有一个师共有三个师，二一师，故我须用五个纵队担任攻，而以其余兵力（主力）担任钳制邱李两兵团。此阶段亦须争取于两个至两个星期内完结。

（三）第三阶段，可设想两淮方面，那时敌将增加一个师左右的兵力（整八师正由烟台南运），故亦须准备以五个纵队左右的兵力去担任攻击，而以其余的兵力担任打援及钳制。此阶段大约亦须有两个至三个星期。三个阶段大概共须有一个半月至两个月的时间。

（四）淮海战役的结果，将是开辟了苏北苏北战场，山东苏北打成一片，邱李两兵团固守徐蚌一线及其周围，使我难于外击。此时，你们仍应分为东西两兵团，以大约五个纵队组成东兵团，在苏北苏中作战。以其余主力为西兵团，出豫皖两省，协同刘邓，攻取蚌河以东兵团，开封、郑州、确山、信阳、南阳、淮河流域及大别山各城。西兵团与刘邓协力作战的方法，亦是一部兵力打城，以主要兵力打援阻援，这样去各个歼敌。刘邓因为兵力不足，不能实现如像你们攻济打援战役及淮海战役那样的作战。你们西兵团去后，就可以实现那样的作战。六七两月开到睢杞战役的作战，就是西兵团与刘邓协力的结果。

（五）你们以成亥两月完成淮海战役。明年一月休整。二月西兵团转移。三至七月与刘邓协力作战，将敌打至江边各点固守。秋季你们主力大约可以举行渡江作战。

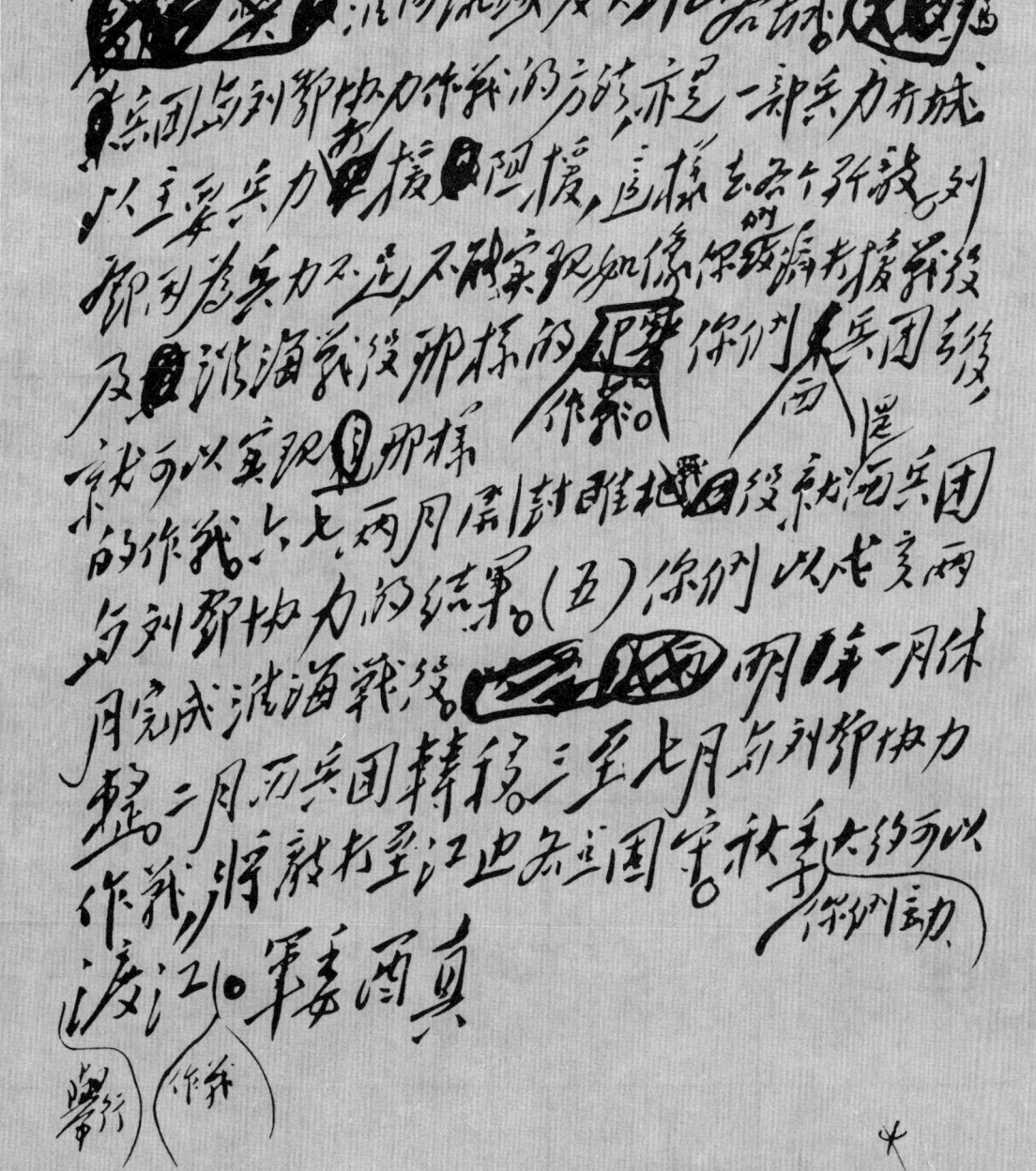

军委
酉真

军委关于控制营口阻塞敌人海上逃路的指示

（一九四八年十月二十四日）

林罗，并告高伍：

迴电悉。五十二军五十三军及二〇七师主力既然尚在铁岭、沈阳、抚顺、本溪、鞍山一带，五十二军一部且已进占海城、午庄，则敌人准备以营口为其两条退路之一，已甚明显。敌主力在黑山北镇地区被我歼击时，其溃逃部队亦可能退向营口。因此，你们仍应从各独立师中抽出一部向南，歼灭鞍山海城牛庄之敌，并控制营口，阻塞敌人向海上的逃路。此外，南满方面一切可用的地方部队，均应使用于对付鞍山海城牛庄地区之敌。

军委
廿四日廿四时

军委关于张家口宣化地区作战部署的指示

（一九四八年十二月六日）

程黄，杨罗耿，杨李，并告林罗刘，华北局：

（一）杨罗耿五日廿一时电悉。

（二）杨罗耿全部到达下花园地区后，即以一个有力纵队开至宣化怀来之间，即以一个纵队在一起，确实控制宣化沙岭子八里庄一带阵地，并尽可能向宣怀两方扩展，打通张宣的企图，使张宣两敌分开，去破敌人一切地，并尽可能向张垣之间与一纵在一起，确实控制张宣两方扩展，去破敌各个孤立，以利尔后歼击。

（三）待杨罗耿派

出之纵队确实到达沙岭子、八里庄一带与一纵会合之后,杨李即可以二纵加到张垣北面及西北面与六纵在一起,加紧构筑阻击阵地,务须达到使张垣之敌任何时候都不能向北向西北向西逃跑。北岳集团阻位于第二线(由杨李电令适当位置是否兴和一带适宜)绥远姚喆八纵为第三线,由杨李选择其预先布置阻绝故西逃的一切可能。

(四)杨罗耿其余两纵位于宣化以东,隔断宣化怀来两敌之联系。

(五)张宣两敌无论是互相打通联系之企图,或向东突围或向西突围,均必须坚决打破之,遇有此种情形发生即全军堵追歼灭之。

(六)张宣两敌固守不动,则暂时围而不打,待程黄占领怀来及八达岭并待林罗刘主力到达(尚须两星期时间)及对平津塘唐部署完成之后,即开始攻击张宣之敌。

(七)杨罗耿到达宣化下花园地区后,杨李即受杨罗耿指挥。待程黄到达怀来后,即以程黄、杨罗耿、杨李七同志组织平绥前线委员会,以程子华为书记,罗瑞卿为副书记,统一

关于平津战役的作战方针给林彪、罗荣桓、刘亚楼的电报

一九四八年十二月十一日

林罗刘:

一、张家口、新保安、怀来及整个平津塘诸敌,除某几个部队比例如卅五军、六二军、九四军中的若干个别的师,在倚〔依〕靠工事防守时尚有较强的战斗力外,攻击精神都是很差的,都已成惊弓之鸟,尤其他们入关后是如此。切不可过分估计敌人的战斗力。我们有些同志过去都吃了过分估计敌人战斗力的亏,经过批评后他们也已懂得了。现在张家口、新

领导平绥作战及粮食弹药处俘等项事宜。以全歼张、宣、怀来及怀等处敌人十个步兵师三个骑兵旅并收复张、宣、怀诸城为目标,争取一个月左右完成任务。

军委

六日六时

保安两敌确已被围,大体很难迅速突走。十六军约有一半迅速突走。怀来敌一〇四军慌忙南逃,估计今日或明日可能被歼。该敌被歼后,你们准备以四纵由西南向东北掐断南口与北平间联系。我们估计此着不易实现,不是九四军及十六军残部迅速撤回北平,就是九四军、十六军及九二军一起集中南口、昌平、沙河镇区域集团防守。但四纵此举直接威胁北平西北郊与北郊,可以钳制这些敌人不敢动,若这些敌人再敢西进援卅五军,则可以直接切断其后路或直接攻北平,因此,这些敌人大约不敢再西进。我杨罗耿〔兵团〕以九个师包围卅五军三个师,是绝对优势。他们提出早日歼灭该敌,我们拟要他们暂时不要打,以便吸引平津之敌不敢下从海上逃走的决心。他们此次以两个纵队围住卅五军,以一个纵队阻住一〇四军,两敌都被击退。

二、我们现在同意你们以五纵立即去南口附近,从东北面威胁北平、南口、怀柔诸敌。将来该纵即位于该地,以便将来(大约在十天或十五天之后,即在华北杨罗耿歼灭卅五军之后)腾出四纵使用于东面。如此,请令五纵本日仍继续西进,三纵可按我们九日电,该纵决不要去南口,该纵可按我们九日电部署至北平以东通州、以南地区,威胁日电开至北平以东、通县以南地区，从东南面威胁北平，同四纵、十一纵、五纵形成对北平之包围。

四、但我们的真正目的不是首先围北平，而是首先包围天津、塘沽、芦台、唐山诸点。

五、据我们估计，大约亥灰左右你们的十纵、九纵、六纵、八纵、炮纵、七纵就可集中于以玉田为中心之地区。我们提议，亥哿至亥有数日内即取神速动作，以五纵（由北平东郊东调）、六纵、七纵、八纵、九纵、十纵等六个纵队包围津塘沽、芦唐山诸点包围津塘沽、芦唐山诸点之点（敌），如果诸点之敌有逃跑意图那时大约须加以包围状态那时大体仍如现时之敌。那时大体仍如现时状态的话。其办法是以两个纵队位于以武清为中心之地区，即廊坊、河西务、杨村诸点，以五个纵队插入天津、塘沽、芦台、唐山、古冶诸点之间，隔断诸敌之联系。[各纵]均须构筑两面阻击阵地，务使敌人不能跑掉，然后休整部队，恢复疲劳，然后攻歼较小之敌。此时，四纵罗耿应由平西北移至平东。我杨罗耿应于四纵移动之前歼灭新保安之敌。东面则应依情况，力争先歼塘沽之敌，控制海口。只要塘沽（最重要）、新保安两点攻克，就全局皆活了。以上部署，实际上是将张口、新保安、塘沽三点攻克，家口、新保安、南口、北平、怀柔、顺义、通县、宛平（涿县、良乡已为我占）、丰台、天津、塘沽、芦台、唐山、开平诸点之改一概包围了。

六、此项办法，大体上即是你们在义县、锦州、锦西、兴城、绥中、榆关、滦县线上作战时期用过的办法。

七、从本日起的两星期内（亥真至亥有）基本原则是围而不打（例如对张家口、新保安），有些则是隔而不围（即只作战略包围，隔断诸敌联系，而不作战役包围，例如对平津、通州），以待部署完成之后各个歼敌。尤其不可将张家口、新保

安、南口诸敌都打掉，这将迫使南口以东诸敌迅速决策海运平津诸敌迅速决策狂跑，此点务求你们体会。

八、为着不使蒋匪迅速决策南下，我们准备令刘、邓、陈、粟于歼灭黄维兵团之后，留下杜聿明指挥之邱李孙诸兵团（已歼约一半左右）之部，两星期内不作最后歼灭之部署。

九、为着不使敌人向青岛逃跑，我们准备令山东方面集中若干兵力控制济南附近一段黄河，及在胶济线上预作准备。

十、敌向徐州、郑州、西安、绥远诸路逃跑，是没有可能或很少可能的。

十一、惟一的或主要的是怕敌人从海上逃跑。因此，在目前两星期内应采取围而不打或隔而不围的办法。

十二、此种计划出敌意外，在你们最后完成部署以前，敌人是很难觉察出来的。敌人现时可能估计你要打北平。

十三、敌人对于我军的积极性总是估计不足的，对其自己力量总是估计过高，虽然他们同时又是惊弓之鸟。平津之敌决不料你们在亥有以前能够完成上列部署。

十四、为着在十二月二十五日以前完成上列部署，你们应该鼓励部队在此两星期内不惜疲劳，不怕减员，不怕受冻受饥，在完成上列部署以后，再行休整，然后从容攻击。

十五、攻击次序大约是：第一塘芦区，第二新保安，第三唐山区，第四天津、张家口两区，最后北平区。

十六、你们对上述计划意见如何？这个计划有何缺点？执行有何困难？统望考虑电告。

军委
十一日九时

中央军委关于准备接收北平、天津、唐山的指示

（一九四八年十二月十三日）

聂薄叶黄，并告林罗刘及黄克诚：

（一）据报敌似放弃北平、唐山芦台敌亦正在撤退，平津两敌动向望令二局充分注意。

（二）荣臻、彭真、剑英、黄敬应时刻准备率领接收人员及工作干部乘车出发驰赴平津，如敌乘车出发驰赴平津，如敌逃跑或有逃跑征候，应立即出发，如敌固守则在现地待命出发。

（三）你们应与林罗刘密切联系。

（四）此次接收平津影响中外，你们务必办到如同沈阳济南那样的接收及管理成绩，不要落在沈阳济南之后，不要重犯接收石家庄初期所犯的那些错误。

（五）请林罗刘谭注意攻城部队及卫戍部队的纪律事项。

（六）请林罗刘谭指导冀东接收唐山的工作人员及卫戍部队，好好地接收及保卫唐山区。

（七）事变发展很快，你们应随时准备应付如同沈阳那样的迅速发展的事变。

（八）请黄克诚率干部速来冀东。

中央军委
十三日六时

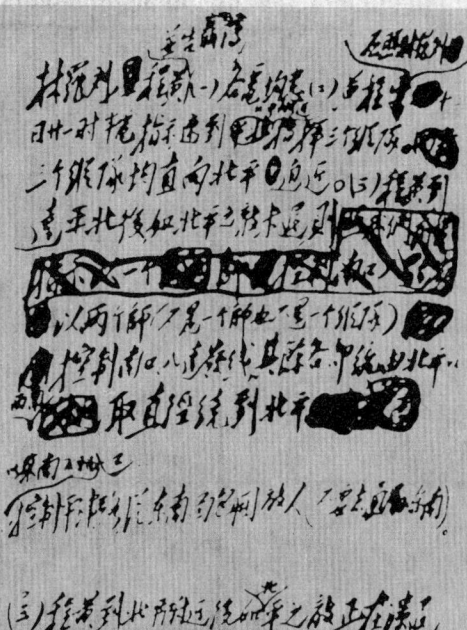

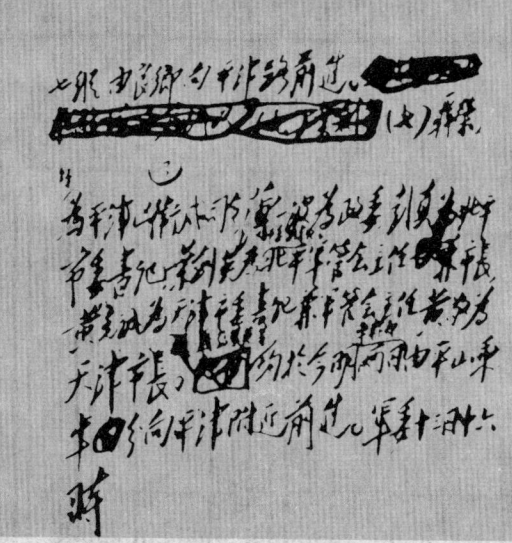

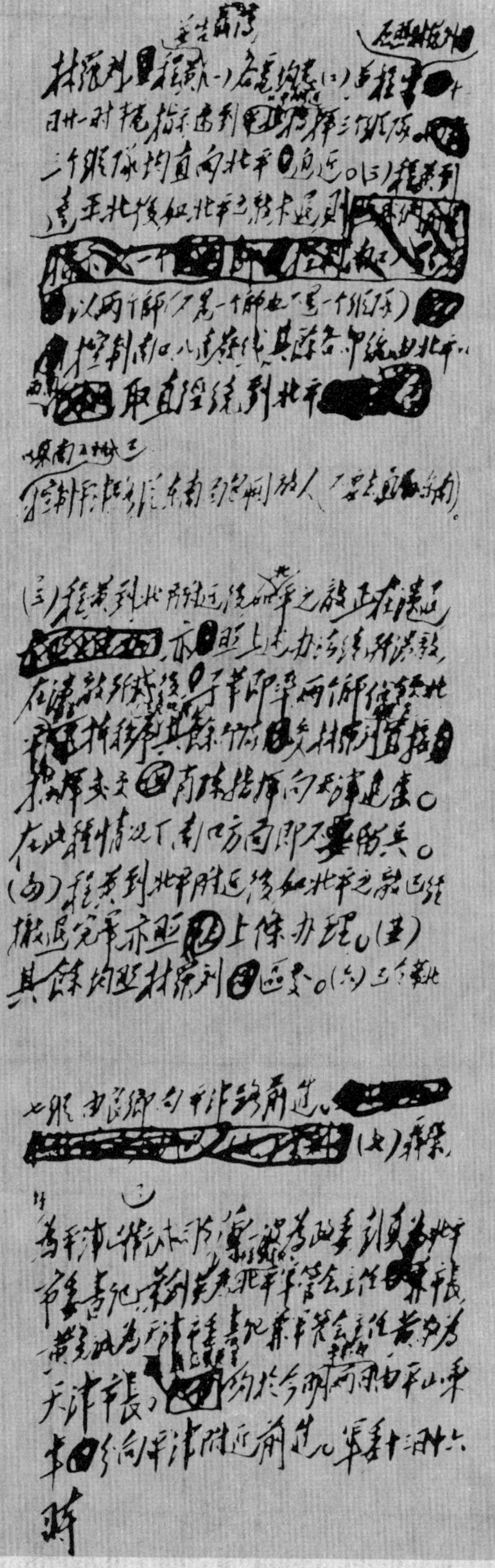

军委关于包围北平及平津干部配备问题的指示

一九四八年十二月十三日

林罗刘、程黄并告聂薄：

（一）各电均悉。

（二）黄程应照林罗刘十二日二十一时半电指示，速到北平附近指挥三个纵队向北平迫近。

（三）程黄到达平北后，如北平之敌未退，则以两个师（不是一个纵队）控制南口、八达岭线，其余各部统由北平以西取直径绕到北平以南及东南控制平津路，从东南面包围敌人（不要去通县东南）。

（四）程黄到北平附近后，如北平之敌正在溃退，亦照上述办法绕歼溃敌，在溃敌歼灭后，子华即率两个师占领北平，负责维持秩序（注意纪律），其余部队交林罗刘用电台直接指挥，或交肖陈指挥，向天津追击。在此种情况下，南口方面即不要留兵。

（五）程黄到北平附近后，如北平之敌已经撤退完毕，亦照上条办理。

（六）其余均照林罗刘区处。

（七）已令华北七纵由良乡向千津路前进。

（八）聂荣臻为平津区卫戍司令，薄一波为政委，彭真为北平市委书记、北平军管会主任，叶剑英为市委副书记、北平市委副书记，黄克诚为天津市委书记兼军管会主任，黄敬为天津市长。聂彭叶黄等均于今明两日率干部由平山乘车分向平津附近前进。

军委
十三日十六时

中共发言人评南京行政院的决议

（一九四九年一月二十一日）

南京国民党反动政府的官方通讯社中央社十九日电称：十九日上午九时行政院会议广泛讨论时局，决议如下：「政府为遵从全国人民之愿望，祈求和平之早日实现，特慎重表示，愿与中共双方立即先行无条件停战，并各指定代表进行和平商谈。」中国共产党发言人称：南京行政院的这个决议没有提到一月一日南京伪大总统蒋介石建议和平谈判的声明，也没有提到一月十四日中国共产党毛泽东主席建议和平谈判的声明，没有表示对于这两个建议究竟是拥护那一个，反对那一个，好像一月一日和一月十四日国共双方并没有提出过什么建议一样，却另外提出了自己的建议，这是完全令人不能理解的。在实际上，南京行政院不但完全忽视中共一月十四日的建议，而且直接推翻了伪大总统蒋介石一月一日的建议。蒋介石在其一月一日的建议中说：「只要共党一有和平的诚意，能作确切的表示，政府必开诚相见，愿与商讨停止战争，恢复和平的具体方法。」过了十九天，同一个政府的一部分机构，即南京政府的「行政院」，却推翻了这个政府的「大总统」的声明，不是「必须开诚相见，愿与商讨停止战争，恢复和平的具体方法」，而是「立即先行无条件停战，并各指定代表进行和平商谈」了。我们要问，南京行政院究竟是你们的「大总统」的建议为有效呢？还是你们的

这个政府的"大总统"的声明,不是"必开诚相见,愿与商讨停止战争,恢复和平的具体方法"吗?而是"立即先行无条件停战,并各指定代表进行和平商谈"了。我们要问南京"行政院"的先生们,究竟是你们的建议有效呢,还是你们的"大总统"的建议有效呢?你们的"大总统""行止战争,恢复和平"认为是一件事,声明必定开诚相见愿与中共商讨实现这件事的具体方法;你们则将战争与和平分割为两件事,不愿意派出代表和我们商讨停止战争的具体方法,而却异想天开地建议"先行立即无条件停战",然后再派代表"进行和平商谈",究竟是你们的建议对呢?还是你们的"大总统"的建议对呢?我们认为"行政院"是越出了自己的职权的,它没有资格推翻伪大总统的建议,而擅自作出自己的新建议。我们认为南京行政院的这个新建议是没理由的,打了这么久这么大和这么残酷的战争,自应双方派人商讨和平的基本条件,并作出双方同意的停战协定,战争才能停得下来。不但人民有这种希望,就是国民党方面亦有不少人表示了这种希望。如果照南京行政院的毫无理由的"决议",不先行停战就不愿进行和平谈判,则国民党的和平诚意在什么地方呢?南京行政院的"决议"是做出来了,不先行停战就没有和平谈判的可能了,不先行停战就出来了,

毛澤東手書真跡 第三时期·文稿 第三时期·文稿 六四七 六四八

"总统""把停止战争,恢复和平"认为是一件事,声明愿意开诚相见,愿意向中共商实现这件事的具体方法;你们则将战争与和平分为两件事,不愿意派出代表和我们商讨停止战争的具体方法,而建议"先行立即无条件停战",然后再派代表进行和平商谈。究竟是你们的建议对呢?还是你们大总统的建议对呢?我们认为行政院是越出了自己的职权的,它没有资格推翻伪大总统的建议而擅自作出自己的新建议。我们认为南京行政院的这个新建议是没理由的,打了这么久这么大

和这么残酷的战争,自应双方派人商讨和平的基本条件,并作出双方同意的停战协定,战争才能停得下来。不但人民有这种希望,就是国民党方面亦有不少人表示了这种希望。如果照南京行政院的毫无理由的"决议",不先行停战就不愿意进行和平谈判,则国民党的和平诚意在什么地方呢?南京行政院的决议是做出来了,不先行停战就没有和平谈判的可能了,和平则居此关系了。如果要谈判,则只有取消行政院毫无理由的决议,二也必居其一。如果南京行政院不愿意取消自己的决议,那就是表明南京国民党反动政府并无与其对方进行和平谈判的诚意。人们要问,南京方面果有诚意,为什么不愿意商讨和平的具体条件呢?

军委关于傅作义部出城整编的部署的指示

一九四九年一月二十一日

林罗：

（甲）你们二十日十一时半电、十九日电，及转来苏静十九日二十二时电、北平党二十日十三时电均悉。

（乙）你们应即告傅邓转告傅邓：（一）傅邓既决心站在有利于人民事业方面，则我们便必须告诉他们对蒋介石死党提起警觉性，他将他自己的主力一０一军及骑四师首先开出城外，他是否有把握，他是否有命令十三军、九四军等部亦能出城，对于这一点我们是怀疑的。如果蒋党没有和平谈判的可能了，和平之门从此关死了，而如果要谈判，则只有取消这个毫无理由的『决议』，二者必居其一。如果南京行政院不愿意取消自己的『决议』，那就是表明南京国民党反动政府并无与其对方进行和平谈判的诚意。人们要问南京方面果有诚意，为什么不愿意商讨和平的具体条件呢？南京的和平建议是虚伪的这样一个论断，不是已经证实了吗？中共发言人说：南京现在业已陷入无政府状态，伪大总统有一个建议，伪行政院又有一个建议，这叫人们和谁去打交道呢？

不但不服从傅令反而将傅总部包围攻击,傅是否尚有足够兵力抵抗以待我们之援助。蒋党暗害及蒋机轰炸亦须预为计及。(二)一〇一军可以先出城,由我军接替广安门、右安门一带防务,然后令中央军各部依次出城,由我军依次接防。骑四师及其他傅部最后出城,似较稳当。(三)如傅确已一切部署妥当,则第一个军出城日期可照原议在廿二日;若傅尚未布署妥当(主要是中央军问题),则我方可以推迟几天时间。

(丙)苏静所提及你们答复各条:

(一)接收名称可以成立联合办事机构,其人选及比例可照你们所定。

(二)同意你们意见。

(三)同意。

(四)可同意傅方意见。

(五)可同意傅方意见。事实上只要部队出城,我们可以提早整编时间,那时他们亦不会有异议。

(六)同意。(七)同意。

(八)同意。(九)均同意你们意见。

(十)同意。

(十一)可同意傅方意见。(十二)邮电照你们意见,报纸照中央意见。(十三)不要提解散国民党三青团事,要在我们完全控制北平、秩序大定以后才能谈得上解散及登记这些反动党派,此条可照傅方提议,以安反侧。

(十四)同意。

（丁）你们下达各首长的命令是对的，但还须注意对出城军队取完全包围态势，以防其乘我不意突然突围而出。固安方面，单是华北七纵是不够的，我包围各纵须有很大的警惕性，必须在距敌二十里外构筑防御工事，此点万不可大意。此种敌我杂居办法我军从来没有做过，故须有充分准备，否则难免出乱子。

军委
二十一日四时

中央军委关于渡江作战计划等问题的指示

（一九四九年二月十一日）

刘陈邓、饶康曾、粟谭，并告林聂：

丑佳电悉。

（一）同意你们三月半出动、三月底开始渡江作战的计划，望你们按此时间准备一切。

（二）饶康曾到后即开一次华东局会议，依据上述计划及中央丑齐电中整训时间方针（丑齐电中整训时间应缩短半月至三月半为止）部署一切。

（三）你们丑佳电所列八条，除第八条以外林罗部先行南下一事已告罗荣桓同志并另电通知外，其余七条，凡由华东及你们自己解决者由此次华东局会议自筹解决，凡由中央解决者另电处理。

（四）刘伯承、邓小平、张际春、陈赓四同志参加华东局会议，刘、邓、张、陈四同志参加华东局为委员。

（五）总前委照旧行使领导军事及作战的职权，华东局和总前委均直属中央。

（六）江淮、皖西必须立即统一，究以立即建立安徽省委为宜，还是以豫皖苏、江淮、皖西两区及淮北安徽部分为宜，请在你们此次会议（邓子恢同志参加华东局会议）上解决，并立即施行，报告中央备案即可。

（七）二中全会定此次华东局会议，如尚在你们那里应参加，由此次华东局会议自筹解决。

国民党反动派由"呼吁和平"变为"呼吁战争"

一九四九年二月十六日

【新华社陕北十六日电】：自从一月一日蒋匪介石发动和平攻势以后，曾经连篇累牍地表示自己是愿意"缩短战争时间"，"减轻人民痛苦"，"以拯救人民为前提"的国民党反动派的英雄好汉们，一到二月上旬，和平的调子突然低落下去，"和共党周旋到底"的老调，忽又高弹起来。最近数日，更是如此。南京人民代表团访问北平回去之后，立即遭到这些英雄好汉们的迫害。十三日，国民党中央宣传部发给各党部各党报的"特别宣传指示"说："叶剑英利用所谓南京和平代表团作传声筒，向我后方宣传中共对和平有诚意，而指责政府军事布置为一连串挑拨之好戏出"，而"各报对此，必须依据所定正面的倾向，力加驳斥。"这个"特别宣传指示"，把"政府"的真实条件"无条件投降，不如作战到底"，毛泽东一月十四日声明所揭穿了的国民党反动派由"呼吁和平"变为"呼吁战争"

三月一日开会，会期五天至七天，你们一切工作须布置完毕于二月廿五日以前布置完毕，除因工作不能到会者外，一切到会的同志均须于二月二十八日到达中央，地点仍在石家庄。

中央军委
丑真

九诚意谋和。各报对此，必须依据下列各点从正面与侧面力加驳斥。"这个"特别宣传指示"一连列举了好几点。

"政府与其无条件投降，不如作战到底"。"毛泽东一月十四日声明所提八点为亡国条件，政府原不应接受。""中共应负破坏和平之责任，今日中共反而提出所谓战犯名单，将政府负责人士尽皆列入，更要求政府先行逮捕，其蛮横无理，势难寻觅。"两星期以前那种如丧考妣地急着要谈判的神情，再也不见了。所谓"缩短战争时间"，"减轻人民痛苦"，"以拯救人民为前提"这些沁人心脾的名句，一定要惩办战争罪犯，那就不能谈和平的"作风"，那就不能谈和平的"作风"，一定要惩办战争罪犯，那就不能谈和平的"作风"，一定要惩办战争罪犯，那就不能谈和平。"究竟是以拯救人民为前提呢？还是拯救战争罪犯为前提呢？按照国民党英雄好汉的"特别宣传指示"，是选择了后者。战争罪犯的名单，中共方面尚在向各民主党派人民团体征求意见中，他们认为这些已经收到的意见，都是不赞成去年十二月二十五日某权威人士所提的那个名单。他们认为要负发动反革命战争、屠杀数百万人民的责任的人，不止四十三个，而应当是一百几十个。现在姑且假定战犯将确定为一百几十个，但是可惜太少。

根据这些已经收到的意见，对那个名单所列战犯个个都对，只是嫌太少。要负发动反革命战争屠杀数百万人民的责任的人决不止四十三个，而应当是一百几十个。那么要问我们的英雄好汉们：你们为什么要反对惩办战犯呢？你们不是愿意"缩短战争时间"，"减轻人民痛苦"吗？假如因为你们这些战争罪犯还要打下去，使得战争还要拖延时间，延长战祸，那么到底是你们在一九四九年一月二十日以南京政府代言人的名义，骂出来的，加在共产党身上的救一百几十个战犯为前提」,那你们可要仔细,你们「以拯救人民为前提」的人,口口声声「以拯救人民为前提」,又要迫害南京人民和平代表团,说他们要术,又要迫害南京人民和平代表团,变成丁叶剑英的传声筒。叶剑英的魔力这么大,几天工夫就使代表们相信「中共对和平有诚意」,而指责政府军事布置为「无诚意谋和」。二月十四日,复兴社CC,即战犯集团中的一部分,死硬派,亦即战犯集团中的一部分,利用南京市参议会通过否认京市人民和平代表团一案。国民党死硬派在自己呼吁和平几个星期之后,不是「呼吁和平」,而是「呼吁战争」了,就连南京人民和平代表团的代表们也要被迫害了。国民党死硬派,不管什么人,就是他们党内稍有良心的人也罢,只要一跟他们一路走,就得遭迫害,岂非拖延时间,延长战祸?「这八个字的罪名,是你们在一九四九年一月二十六日发出声明,加在难道你们政府的名义上的,现在改为难道你们自己身上,写上招贴,挂在你们自己身上,以为荣耀吗?你们是「以拯救人民为前提」的大慈大悲的人们,为什么一下子又改成以拯救战犯为前提呢?根据你们政府内政部的统计,中国人民的数目,不是四万万七千五百万,这和一百几十个战犯相比,究竟大小如何呢?英雄们是学过算术的,请你们按照算术教科书好好算一下再作结论罢。倘若你们不会算清楚就问你们那个原来准你们同意,全国人民也同意的办法——「以拯救人民为前提」,急急忙忙地改成「以拯

中央军委对总前委关于渡江任务的整个部署的指示

一九四九年四月十八日

总前委，粟张，刘张李，谭震林（总委转）

（一）总前委筱子、筱未两电，粟张筱午电，刘张李筱戌电均已收到阅悉。

（二）完全同意总前委的整个部署，即二野三野各兵团于二十日（卯哿）开始攻击，二十二日（卯养）实行总攻，一气打到底，完成渡江任务。以后再考虑暂作停顿，采取第二步行动。请你们即据此种计划坚决地彻底地执行之。此种计划不但为军事上所必需，而且为政治上所必需，不得有任何的改变。至于粟张方面要求提前于十六日起攻占江北及江心据点，也是必须

三、在宝塔的尖顶上，而且至死也不悔悟。长江流域和南方的人民大众，包括工人，农民，知识分子，自由资产阶级，开明绅士，有良心的国民党人都听着：立在你们头上横行霸道的国民党死硬派，没有几天活命的时间了。我们和你们是站在一个方面的，一小撮死硬派不要几天就会从宝塔尖上跌下去，一个人民的中国就要出现了。

向全国进军的命令

（一九四九年四月二十一日）

[新华社北平二十一日电]毛泽东主席、朱德总司令本日向人民解放军发布命令如下：

中国人民解放军第一野战军彭德怀、张宗逊、赵寿山诸同志，中国人民解放军第二野战军刘伯承、邓小平、张际春诸同志，中国人民解放军第三野战军陈毅、饶漱石、粟裕、谭震林诸同志，中国人民解放军第四野战军林彪、罗荣桓诸同志，华北人民解放军徐向前、罗瑞卿诸同志，聂荣臻同志，全体指挥员战斗员同志们，南方各游击区人民解放军同志们：

由中国共产党代表团同南京国民党政府代表团过长时间的谈判所拟定的国内和平协定，已被南京国民党政府所拒绝。南京国民党政府之所以拒绝这个国内和平协定，是因为它仍然服从美国帝国主义及国民党匪首蒋介石的命令，想阻止中国人民解放事业的前进，阻止用和平方法解决国内问题。这个双方代表团所拟定的国内和平协定八条二十四款，对于战犯问题的宽

（三）总前委主张待渡江任务完成后，以陈谢二兵团出徽州沿浙赣公路东进，以宋郭九兵团监视杭州，南京，主力位于南京以南，与陈赓四兵团接替监视芜湖南京主力任务，并准备加入攻南京的任务，王谭七兵团、杨苏五兵团的任务，在总前委及二野、三野两前委领导下完成伟大任务。

（四）此次我百万大军渡江南进，关系全局胜利极大。希望我二野、三野全军将士，同心同德，在总前委及二野、三野两前委领导下完成伟大任务。

中央军委
四月十八日九时

我们早同意了。

（三）总前委主张待渡江任务完成后，以陈谢二兵团出徽州沿浙赣公路东进，以宋郭九兵团监视杭州，南京，主力位于南京以南，与陈赓四兵团接替监视芜湖南京主力任务，并准备加入攻南京的任务，王谭七兵团、杨苏五兵团的任务照原规定不变等项，我们认为目前可以照此预拟以后，待粟张方面渡江后所遇敌情变化明了以后，如须有所变更，再按情况临时改变。

（四）此次我百万大军渡江南进，关系全局胜利极大。希望我二野、三野全军将士，同心同德，在总前委及二野、三野两前委领导下完成伟大任务。

中央军委
四月十八日九时

的国内和平协定，已被南京国民党政府所拒绝。南京国民党政府的负责人员之所以拒绝这个国内和平协定，是因为他们仍然服从美国帝国主义及国民党匪首蒋介石的命令，企图阻止中国人民解放事业之推进，阻止中国人民解放军向前推进，以便反动派获得喘息时间，然后卷土重来，扑灭中国境内一切革命势力。拒绝这个协定，就是表示南京李宗仁政府所谓承认中共八个和平条件以为谈判基础是完全虚伪的。因为，既然承认惩办战争罪犯，用民主原则改编一切国民党反动军队，接收南京国民党及其各级政府的一切权力及其他各项基础条件，则没有理由拒绝根据这些基础条件所拟定的而且是为宽大的各项具体办法。在此种情况下，我们令你们：

（一）奋勇前进，坚决、彻底、干净、全部地歼灭中国境内一切敢于抵抗的国民党反动派，解放全国人民，保卫中国领土主权的独立与完整。

（二）奋勇前进，逮捕

大量经理，对於国民党军队及国民政府人员的宽大处理，对於其他问题亦无不是从民族利益与人民利益出发作出了适宜的解决。拒绝这个协定，就是表示国民党反动派决心将他们发动的反革命战争打到底。拒绝这个协定，就是表示国民党反动派在今年一月一日所提议的和平谈判，不过是企图阻止人民解放军向前推进，以便反动派获得喘息时间，卷土重来，扑灭革命势力。拒绝这个协定，就是表示南京政府并不真正承认中共八个和平条件以为谈判基础是虚伪的。因为既然承认惩办战争罪犯，缩编国民党反动军队，接收南京政府及其所属各级政府的一切权力及其他各项基础条件，就没有理由拒绝根据这些基础条件所拟定

毛澤東手書真迹

第三时期·文稿
第三时期·文稿

六六七
六六八

的原因就是拒绝为宽大的各项具体办法。在此种情况下，我们命令你们：

（一）奋勇前进，坚决彻底干净全部地歼灭中国境内一切敢於抵抗的国民党反动派，解放全国人民，保卫中国领土主权的独立与完整。

（二）奋勇前进，逮捕一切怙恶不悛的战争罪犯，不管他们逃亡何处，均须缉拿归案，依法惩办，特别注意缉拿匪首蒋介石。

（三）向任何国民党地方政府及地方军事集团宣布国民党反动派拒绝和平协定，宣布立即停止战争的和平方法解决问题的此项政策大意，签订地方性协定。

（四）责令南京李宗仁政府以签订协定的机会

我三十万大军胜利南渡长江

一九四九年四月二十二日

【新华社长江前线二十二日电】英勇的人民解放军二十一日已有大约三十万人渡过长江。渡江战斗于二十日午夜开始，地点在芜湖、安庆之间。至发电时止，我三十万人民解放军已渡过长江。国民党反动派经营了三个半月的长江防线，遇着人民解放军好似摧枯拉朽，军无斗志，纷纷溃退。长江风平浪静，我军万船齐放，直取对岸，不到二十四小时，三十万人民解放军即已突破敌阵，占领南岸广大地区，现正向繁昌、铜陵、青阳、荻港、鲁港诸城进击中。人民解放军正以自己的英雄式的战斗，坚决地执行毛主席朱总司令的命令。

捕一切怙恶不悛的战争罪犯。不管他们逃至何处，均须缉拿归案，依法惩办。特别注意缉拿匪首蒋介石。

（三）向任何国民党地方政府及地方军事集团宣布国内和平协定最后修正案。对于凡愿停止战争用和平方法解决问题者，你们即可照此最后修正案大意和他们签订地方性协定。

（四）在人民解放军包围南京之后，如果南京李宗仁政府尚未逃散，并愿意于国内和平协定上签字，我们愿意再一次给该政府以签字的机会。

中国人民革命军事委员会主席 毛泽东
中国人民解放军总司令 朱德

一九四九年四月二十一日

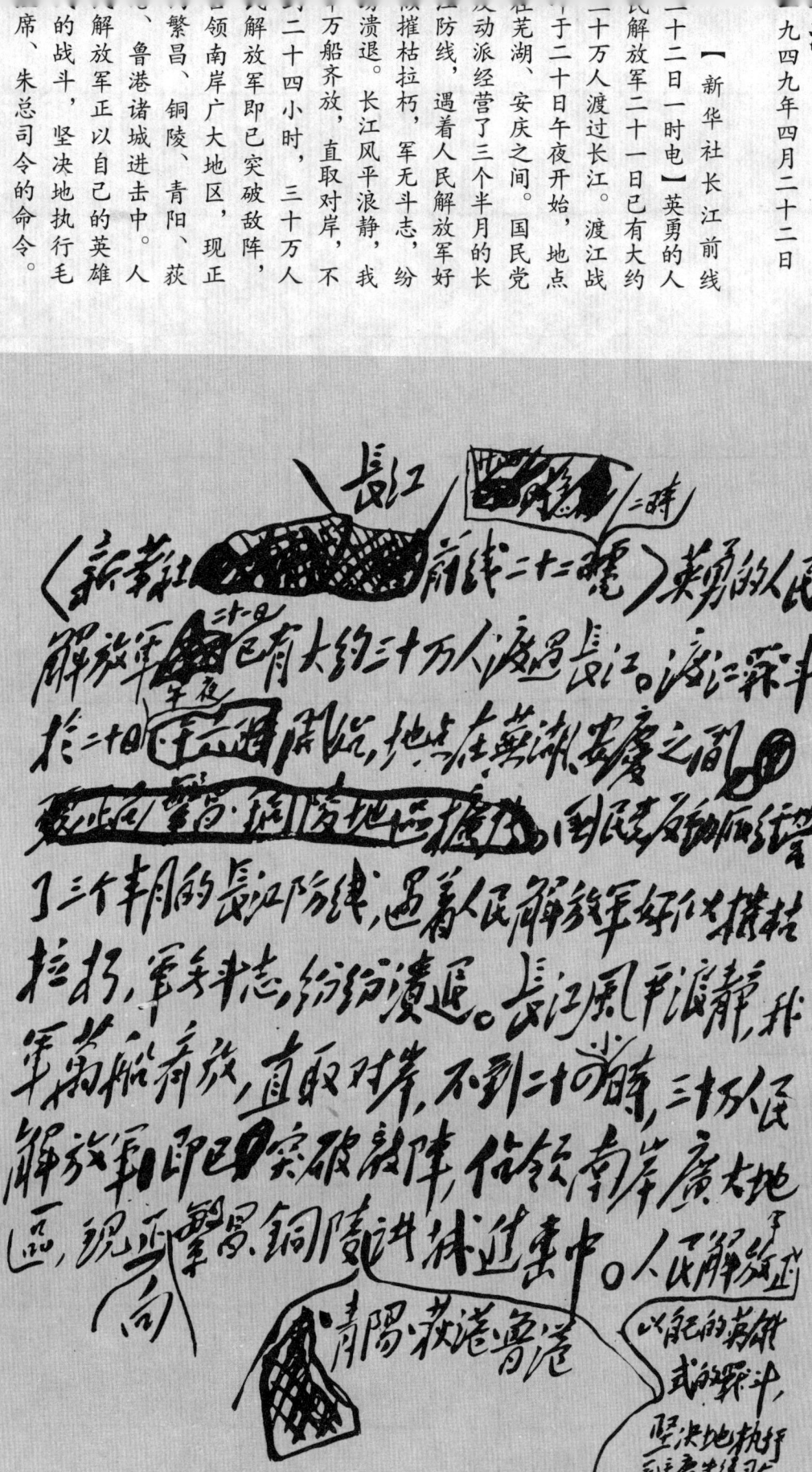

中央军委关于二野西进时间等问题的指示

一九四九年六月十七日

华东局,并告粟张周,及刘邓李:

中央军委 已筱

（一）同意已删电意见,将华东军区及三野指挥机构设在南京,并以粟裕兼南京军管会主任及市委书记,唐亮为副主任、副书记,使二野能逐步抽出人来做准备西行的工作。

（二）二野西进时机似以九月为较适宜,一则准备时间较充裕;二则沿途那时才能有粮食;三则四野主力一七个军九月可到郴州、赣州线,十一月可能占广州,迫使广州伪政府迁至重庆,然后二野夺取重庆较为有利。

中央军委 已筱

论人民民主专政

一九四九年六月三十日

人民民主专政,或曰人民民主专制,总之是一样,就是剥夺反动派的发言权,只让人民有发言权。

人民是什么？在中国,在现阶段,是工人阶级,农民阶级,小资产阶级和民族资产阶级。这些阶级在工人阶级及共产党的领导之下,团结起来,组成自己的国家,选举自己的政府,向着帝国主义的走狗即地主阶级和官僚资产阶级以及代表这些阶级的国民党反动派及其帮凶们实行独裁,实行专制,压迫这些人,只许他们规规矩矩,不许他们乱说乱动。如要乱说乱动,立即取缔,予以制裁。对于人民内部,则实行民主制度,给予言论集会结社等项的自由权。选举权,只给人民,不给反动派。这两方面,对人民内部的民主方面和对反动派的专政方面,结合起来,就是人民民主专政。

为什么理由要这样做?大家很清楚,不这样,革命就要失败,人民就要遭殃,国家就要灭亡。你们不是要使国家灭亡吗?我们要,但是我们现在还不要。我们现在还不能要。为什么?帝国主义还存

在,孙中山主张"唤起民众",或"扶助农工"。谁去"唤起"呢?孙中山和"扶助"呢?孙中山的意思是说民族资产阶级,或者说是国民党。孙中山的四十年革命是失败了,这是什么原因呢?在帝国主义时代资产阶级不可能领导任何真正的革命到胜利,原因就在此。

我们的二十八年大不相同。我们有许多宝贵的经验。一个有纪律的,有马恩列斯的理论武装的,采取自我批评方法的,联系人民群众的党。一个由这样的党领导的军队。一个由这样的党领导的各革命阶层各党派的统一战线。这三件是主要的经

验。这些都是我们区别于前人的。依靠这三件，使我们取得了全国性的胜利。我们走过了曲折的道路。我们曾和党内的机会主义倾向作斗争，右的和左的。

凡在这三件事上犯了严重错误，革命就受挫折。错误和挫折教训了我们，使我们比较地聪明起来了，我们的事情就办得好一些。任何政党，任何个人，错误总是难免的，我们要求犯得少一点。犯了错误则要求改正，越迅速，越彻底，越好。

总结我们的经验，集中到一点，就是无产阶级（经过共产党）领导的以工农联盟为基础的人民民主专政——这就是我们的公式，这就是我们的主要经验，这就是我们的主要纲领。

党的二十八年是一个长时期，我们仅仅做了一件事，这就是取得了革命战争的胜利。这是值得庆祝的，因为这是人民的胜利，因为这是在中国这样一个大国的胜利。但是我们的事情还很多，譬如走路，过去的工作不过像万里长征走完了第一步。残余的敌人尚待我们扫灭。严重的经济建设任务摆在我们面前。我们熟习的东西有些快要闲起来了，我们不熟习的东西正在强迫我们去做。这就是困难。

军委关于对程潜的方针的指示

一九四九年七月十八日

林邓肖赵：

十七日二十三时半电悉。

（一）程潜十六日晨与你们派去干部所谈诸点均甚好，均可照办。在程潜、陈明仁等宣布脱离伪中央后，可以暂用国民党人民解放军名义出现，以便给蒋、阎、李、白等以打击，俟我们占领湖南各要地后，将其部队交我整编。我们现在不怕程潜仍挂此名义利于在政治上给蒋、桂以打击；我们也不怕他挂人民解放结内部，又利于暂时团他挂此名义利于暂时团军名义,因为不久该部即可被我改编,而且挂了此名义,即区别于蒋、桂的国民党。

(二)我们已经过我们在长沙的电台转告程潜,我军侧面占领平、浏、醴,正面占领岳州、湘阴,但暂不占长沙,以利举行谈判和平解决湖南问题;并叫程潜及有关各方保持镇静,不要恐慌。

(三)但长沙、益阳、宁乡、湘潭、湘乡、衡山、衡阳诸县及粤汉、湘桂两路沿线地区两三星期内,程潜必须和平交出,以利我军进驻攻击桂系。程部则退往安化、新化、邵阳、武冈及其以西地区,听候整编。如程部在对桂系作战中种能有配合行动则更好。这些都需你们派代表(其中应有李明灏)与程潜代表数人联合机构,然后行动,并组织会议,商谈确定,此项会议应立即举行。如程不便派代表来汉口,则你们的代表可去长沙。如何望复。

军委

十八日下午四时

军委关于迫使白崇禧部退入广西等问题的指示

(一九四九年九月一日)

林邓肖赵：

三十日电悉。

（一）你们歼灭宋希濂的计划是很好的。

（二）程子华兵团主力在澧州、常德以西地区歼灭宋希濂以后，请考虑该部取道沅陵向芷江前进，歼灭黄杰部，然后沿湘黔桂三省交界向柳州前进，迫使白崇禧退入广西，而不使他退入贵州，以利我军在广西境内歼灭他。因贵州太穷，运输不便，广西较贵州为富，又可取得广东接济，又有我们的游击区及游击队以为协助，较利于我军作战。

（三）叶剑英、方方、陈赓、邓华等九月上旬可在赣州会合，中旬可会商完毕，下旬即可开始向广东进军。若肖劲光、程子华各部亦能于九月下旬或十月上旬进至芷江、宝庆、衡州之线，则可与我入粤部队互相配合。我们希望能于十一月占领广州及粤汉全路，十二月或明年一月全路通车，则对全国财政经济有很大利益。

军委
申东

同意工作方针给彭德怀的电报

德怀同志：

同意十一月十五日电所提各项工作方针。

毛泽东
十一月十九日

一九四九年十一月十九日

关于朝鲜战局问题给彭德怀、高岗的电报

彭，并告高：

廿二日戌时电悉。你的方针是稳当的，我们应当从稳当的基点出发，不做办不到的事。朝鲜战局，就军事方面来说决定于下列几点。第一是目前正在部署的战役是否能利用敌人完全没有料到的突然性全歼两个三个甚至四个伪军师（伪三师将随伪六师后跟进，伪一师亦可能增援）。此战如果是一个大胜仗，则敌人将作重新部署，新义州宣川、定州等处至少在一个时期内不会来占，伪首伪三两师将从咸兴一

一九五○年十月二十三日

七、八师主力未被迅速歼灭，或被逃脱，或竟固守待援，伪一伪首及美军一部增援到达，使我军不得不于阵前撤退，则形势将改到于敌有利，熙川长津两处的保守也将发生困难。第二是敌人飞机杀伤我之人员妨碍我之活动究竟有多大。如果我能利用夜间行军作战做到很熟练的程度，敌人虽有大量的飞机仍不能给我太大的

杀伤和妨碍，则我军可以继续进行野战及打许多孤立据点。即是说，除平壤、大邱、釜山、元山、汉城、大邱等大城市，其余地方我飞机无法进攻外，其余地方都可能歼灭的敌人都可能被我各个歼灭，即美国再增几个师来，我也可各个歼灭之。如此便有迫使美国和我进行外交谈判之可能，或者待我飞机大炮的条件具备之后把这些大城市逐一打开。如果敌人飞机对我的伤亡和妨碍大得使我无法进行有利的作战，则在我飞机条件尚未具备的半年至一年内我军将处于很困难的地位。第三，如果美国再调五个至十个师来朝鲜，而在这以前我军又未能在运动战

带退回元山地区，而长津可保，新安州顺川两点是否保守也可能成问题，成川至阳德一段铁路无兵保守向我闯开一个大缺口，在现有兵力的条件下，敌人将立即处于被动地位。如果这次突然性的作战胜利不大，伪六、

中及打孤立据点的作战中歼灭几个美国师及几个伪军师，则形势也将于我不利，如果相反，则于我有利。以上这几点，均可于此次战役及尔后几个月内获得经验和证明。我认为我们应当力争此次战役的完满胜利，力争在敌机炸扰下仍能保持旺盛的士气，进行有力的作战，力争在敌人从美国或他处增调兵力到朝鲜以前多歼灭几部分敌人的兵力，使其增补赶不上损失。总之，我们应当在稳当可靠的基础上争取一切可能的胜利。

毛泽东
十月廿三日
（阅后付火）

关于青海骑兵支队配合十八军入藏问题给邓小平的电报

（一九五一年一月十四日）

小平同志：

张宗逊一月九日的电报你是否已看到，他提议以七百五十人及一千四匹马的青海骑兵支队，携带一个半月粮食，配合十八军入藏，到拉萨及日喀则以后供给问题全由你们负责解决。你们是否同意此项提议，望考虑电告。

毛泽东
一月十四日

关于重视人民来信的指示

（一九五一年五月十六日）

各中央局，并转分局，省委、区党委、市委、地委、县委、各大行政区，各省市区，各专区，各县人民政府的党组，呈告中央人民政府各部门的党组：

必须重视人民的通信，要给人民来信以恰当的处理，满足群众的正当要求。要把这件事看成是共产党和人民政府加强和人民联系的一种方法，不要采取掉以轻心、置之不理的官僚主义的态度。如果人民来信很多，本人处理困难，应设立适当人数的专门机关或适当专门的人处

关于同意志愿军党委对精简节约的布置给彭德怀等的电报

一九五一年十一月十一日

彭邓陈并志愿军党委诸同志：

十一月八日来电收到，我们认为志愿军党委决定各项是正确的，望即照此施行。如此，你们在朝鲜，我们在国内，一致配合进行大规模的精简节约，加上切实可行的增产运动，明年的一切工作就很好做了，就确有把握完成任务了。我们和敌人进行的谈判能成功固好（成功的可能性较大），即使不成功，我们也确有把握使战争继

理这些信件。如果来信不多，本人或秘书能够处理，则不要另设专人。下面是专门处理人民给我来信的秘书室关于处理今年头三个月信件工作的报告，发给你们参考，我认为这个报告的观点是正确的。

毛泽东
一九五一年
五月十六日

毛澤東手書真跡 第四時期·文稿 第四時期·文稿 六九七 六九八

（右页）

他们

先

……接收到……努力加一个好的

主张大跃进，宣传大跃进，这是……

出了一个会可以实行的高指示。快看了许

报告极为高兴，曾经北戴河

将此报批发各同志看，各同志都

用电话告给省市，鼓舞了劲头，

批判右倾机会主义的斗争。现在（19

60年三月的这个报告，更加进步，不足马

钢宪法那套，而创造了鞍钢

宪法。鞍钢宪法在远东出现

（左页）

102 毛泽东同志写

现在把这个报告转发给你们，并请你

对鞍的厂矿大企和中等企业，特别

大中城市委，当然也可以转发地委和

城市，并且当作一个学习文件，请

群众都学习一遍，启发他们的脑

筋，想一想自己的事情，在1960年一

个整年内，有系统地一环接一环

一浪接一浪地实行大规模马克思列宁

主义的城乡技术革命运动。

中央 毛泽东

1960年3月22日

中央转发鞍山市委关于技术革新和技术革命运动开展情况报告的批语

一九六〇年三月二十二日

上海局，各协作区委员会，各省委、市委、自治区党委，中央一级各部委、各党组：

鞍山市委这个报告很好，使人越看越高兴，不觉得文字长，再长一点也愿意看，因为这个报告所提出来的问题有事实，有道理，很吸引人。鞍钢是全国第一个最大的企业，职工十多万，过去他们认为这个企业是现代化的了，用不着再有所谓技术革命，更反对大搞群众运动，反对两参一改三结合的方针，反对政治挂帅，只信任少数人冷冷清清地去干，许多人主张一长制，反对党委领导的厂长分工负责制。他们认为『马钢宪法』（苏联一个大钢厂的一套权威性的办法）是神圣不可侵犯的。这是一九五八年的情形，这是第一阶段。一九五九年为第二阶段，人们开始想问题，开始怀疑一长制，开始怀疑马钢宪法。一九五九年七月庐山会议时期，中央收到他们的一个好报告，主张大跃进，主张反右倾，鼓干劲，并且提出了一个可以实行的高指标。中央看了这个报告极为高兴，曾经将此报告批发各同志看，各同志立即用电话发给各省、市、区，帮助了当时批判右倾机会主义的斗争。现在（一九六〇年三月）的这个报告，更加进步，不是马钢宪法那一套，而是创造了一个鞍钢宪法。鞍钢宪法在远东，在中国出现了。这是第三个阶段。现在把这个报告转发你们，并请你们转发所属大企业和中等企业，转发一切大中城市的市委，当然也可以转发地委和〔小〕城市，并且当作一个学习文件，让干部学习一遍，启发他们的脑筋，想一想自己的事情，在一九六〇年一个整年内，有领导地、一环接一环、一浪接一浪地实行伟大的马克思列宁主义的城乡经济技术革命运动。

中央

一九六〇年三月二十二日

毛澤東手書真跡

第四时期·文稿

中央转发鞍山市委关于技术革新和技术革命运动开展情况报告的批语